Pájaros de Hispanoamérica

Augusto Monterroso

Pájaros de Hispanoamérica

Alianza editorial
El libro de bolsillo

Diseño de colección: Estrada Design
Diseño de cubierta: Manuel Estrada
Fotografía de Luis Moreno y Miguel S. Moñita

PAPEL DE FIBRA
CERTIFICADA

© 2001, Augusto Monterroso
   Los derechos de la Obra han sido cedidos mediante acuerdo con International Editors' Co. Agencia Literaria
© Alianza Editorial, S. A., 2025
   Calle Valentín Beato, 21
   28037 Madrid
   www.alianzaeditorial.es

ISBN: 979-13-7009-003-6
Depósito legal: M-6109-2025
Printed in Spain

Si quiere recibir información periódica sobre las novedades de Alianza Editorial, envíe un correo electrónico a la dirección: alianzaeditorial@anaya.es

Índice

Y sus hermanos mayores se admiraban
de ver tantos pájaros.

Popol Vuh, II, v

Prólogo

Desde mi pequeño estudio oigo el canto de los pájaros en el jardín.

Son pájaros mexicanos, de la ciudad de México, resistentes y, por sus voces, diría que viriles y hasta desafiantes, aunque en ocasiones caigan muertos por efecto del aire enrarecido. Todo los amenaza; ellos cantan.

Lo que aquí presento no son retratos; ni siquiera bocetos o apuntes, sino tan solo el trazo de ciertas huellas que algunos pájaros que me interesan han dejado en la tierra, en la arena y en el aire, y que yo he recogido y tratado de preservar. Charles Lamb declaró en su autobiografía de una página que la acción más importante de su vida había sido atrapar una golondrina en pleno vuelo, y puso a su mano como testigo. Los pájaros que aquí aparecen fueron atrapados por mí en momentos muy diferentes de mi vida y de sus vidas, con mi pluma como único testigo. Teniéndolos enjaulados en diversos libros en los que conviven con especies de otros continentes con las que se entienden bien y a veces mal, quiero ahora ponerlos en un mismo recinto, en el cual, si no libres, estarán por lo menos con los suyos, sin saber si todavía así aceptarán vivir juntos, cosa difícil entre volátiles de diferentes géneros y aun del mismo.

En alguna ocasión declaré odiar las metáforas, y esta, sin sentirlo, se me volvió ya demasiado larga. Pero todo comenzó cuando al idear esta selección el primer nombre que vino a mi mente fue el del poeta Ernesto Cardenal y el del trabajo que sobre él publiqué en mi libro *La palabra mágica:* «Recuerdo de un pájaro». Solo en este momento reparo en que Cardenal es también nombre de pájaro.

Ernesto Cardenal
(Nicaragua)

Pues bien, en medio de todo esto, aparece en México en 1944 el nicaragüense Ernesto Cardenal. De la generación de poetas y escritores centroamericanos a la que pertenezco, el hombre más extraño que conozco es Ernesto Cardenal.

Sacerdote, poeta, místico y revolucionario, su vida y su carrera están hoy muy lejos de ser lo que eran en aquellos años en que asistíamos juntos al café de la Facultad de Filosofía y Letras de la Universidad de México, a mediados de los años cuarenta, cuando Cardenal no quería saber nada de cosas políticas. Cardenal, que podía enseñarla, estudiaba allí literatura, y no se interesaba por nada más. Y digo que podía enseñarla porque se había formado ya, como otros dos notables poetas de su país, Ernesto Mejía Sánchez y Carlos Martínez Rivas, bajo la dirección de José Coronel Urtecho y Pablo Antonio

Cuadra, que sabían y saben toda la literatura del mundo que hay que saber. Entre guatemaltecos y nicaragüenses constituimos pronto una especie de colonia centroamericana de poetas y escritores, en medio de otro grupo similar de mexicanos todos medio locos y medio cuerdos, pero todos esperanzados, entre los cuales diré de paso que se encontraba el más tarde presidente de México, Luis Echeverría, solo que en él predominó lo cuerdo.

Como no es mi propósito hacer aquí la pintoresca memoria de nuestras aventuras o experiencias de entonces, me concretaré ahora a recordar a un hombre delgado, con cara y ademanes y movimientos de pájaro, de esos pájaros que como autorretratos suyos están siempre presentes en cuanto escribe y con los cuales hay que identificarlo; de un extraño pájaro tropical, brillante, inquieto, de constante buen humor, de buen humor profundo, inteligente, que siempre lo encaminaría a la defensa entusiasta y al regocijo de lo bello y de lo intrínsecamente valioso, al mismo tiempo que al ataque y al escarnio de la miseria de nuestra vida política. (Él, que no quería tener nada que ver con la política). Un pájaro siempre con el mismo tema del amor y el odio, en un contrapunto que no habíamos escuchado desde los grandes poemas de amor-odio de Pablo Neruda; esos grandes poemas americanos en que el tema de la naturaleza exuberante y verde, verde, está siempre teñido con la sangre de los muertos y de los torturados en las cárceles, como ese amigo de que habla:

Luis Gabuardi mi compañero de clase al que quemaron vivo y murió gritando ¡Muera Somoza!

En aquel tiempo Cardenal tenía veinte años y escribía poemas de amor a muchachas muy bellas, tan espirituadas como él y de nombres luminosos, pero a las que él además idealizaba tanto que las muchachas probablemente terminaban por sentirse puros espíritus, les daba miedo dejar de pertenecer a este mundo, de convertirse en una mera idea del poeta, y entonces huían de aquel hombre extraño que las trataba como musas y que apenas se atrevía a verlas, pero a quienes, como él mismo dice en muchos de sus epigramas, estaba desde entonces inmortalizando:

De estos cines, Claudia, de estas fiestas,
de estas carreras de caballos,
no quedará nada para la posteridad
sino los versos de Ernesto Cardenal para Claudia
(si acaso)
y el nombre de Claudia que yo puse en esos versos
y los de mis rivales, si es que yo decido rescatarlos
del olvido, y los incluyo también en mis versos
para ridiculizarlos.

Y es probable que ellas ahora crean que van a inmortalizarse a través de sus hijos; y no, sino que estarán siempre presentes en la imaginación de alguien que las imagine en el futuro a través de las palabras de aquel hombre flaquísimo y tímido que, como Dante frente a Beatriz, apenas se atrevía a levantar la mirada hasta ellas, no fuera a ser que lo fulminaran con una sonrisa:

> Yo he repartido papeletas clandestinas,
> gritando: ¡VIVA LA LIBERTAD! en plena calle
> desafiando a los guardias armados.
> Yo participé en la rebelión de abril:
> pero palidezco cuando paso por tu casa
> y tu sola mirada me hace temblar.

En el ambiente de que hablé antes, en el México de Carlos Augusto León, el poeta venezolano que decía:

> Aquí los potros corren vertiginosamente y se diría que marchan paso a paso,

en el jubiloso ánimo revolucionario que nos mantenía vivos y activos, el único que pasaba caminando sobre las aguas era Cardenal, quien todo el tiempo pulía grandes poemas, que ahora no le gustan, sobre el mundo americano de los conquistadores, y sobre la necesidad de partir:

> Invito a todos los que se acogen al abrigo de estos
>   muros de muerte
> a todos los que lloran en esta margen por un país
>   de amor y eternidades,
> a todos los que agonizan sobre femeninas dunas
>   calcinadas,

invito a hacer un viaje, más allá de donde el mar
   levanta su humareda,
más allá del horizonte donde el ataúd del mundo
   definitivamente se cierra
bajo el peso de un cielo insostenible hecho de
   lápidas azules;
invito a hacer un viaje, muy lejos de esta tierra,
   de esta ciudad y su mortaja,
antes que la última embarcación se marchite
   cercada por el polvo,
porque es necesario partir, porque es necesario
   partir.

Y sobre alegres risas de muchachas, que en esos poemas y en la vida real terminaban sin faltar una siendo para otros, de igual manera que los ríos, los pájaros y las maderas preciosas de su Nicaragua natal eran de otros y para otros:

Me contaron que estabas enamorada de otro
y entonces me fui a mi cuarto
y escribí ese artículo contra el Gobierno por el
que estoy preso.

Sí; ahora que lo recuerdo, pasaba como caminando sobre las aguas, y creía en las musas; pero creía de veras y se enojaba mucho porque nosotros no creíamos en las musas, y él decía furioso que cómo un poeta podía escribir sin tener una musa que le dictara los versos, tal como ahora lo sostiene el poeta Robert Graves, solo

que en el caso de Graves la musa es de carne y hueso
y bailarina y él le lleva cincuenta y siete años, y en cambio las musas de Cardenal eran las mismas musas de
antes, las de los griegos.

Yo entonces creía más en las musas de los sindicatos,
en las de las banderas rojinegras, y soñaba con una
gran insurgencia popular que inspirada por la musa del
Hambre arrasara con todo de una vez para siempre. Por
fortuna, las musas de Cardenal, que nunca estaban en
huelga, le empezaron a dictar no los versos quejumbro-
sos del amante desdeñado, sino los versos profundos y
viriles del poeta que da todo el amor en forma rabiosa,
todo el amor a las mujeres, todo el amor a su país en
forma rabiosa, como en el poema *Hora O:*

En abril los mataron.
Yo estuve con ellos en la rebelión de abril
y aprendí a manejar una ametralladora Rising,
y Adolfo Báez Bone era mi amigo:
le persiguieron con aviones, con camiones,
con reflectores, con bombas lacrimógenas,
con radios, con perros, con guardias;
y yo recuerdo las nubes rojas sobre la Casa Presidencial
como algodones ensangrentados,
y la luna roja sobre la Casa Presidencial.
La radio clandestina decía que vivía.
El pueblo no creía que había muerto.
                          (Y no ha muerto)

U otros que recuerdan a Leopardi, con quien, ahora
que lo pienso, Cardenal tiene más de un paralelismo,
paralelismo que a lo mejor Cardenal ni sospecha.
Leopardi:

Todo es paz y silencio; calla todo
el mundo, y ya de aquello no se acuerda.
En mi temprana edad, cuando se espera
ansiosamente el día festivo, o luego
cuando ha pasado, yo, doliente, en vela,
estrujaba la almohada; y ya más tarde
oía un canto que por los senderos
a lo lejos moría poco a poco
y el corazón como hoy se me oprimía.

Y Cardenal:

Como latas de cerveza vacías y colillas
de cigarrillos apagados, han sido mis días.
Como figuras que pasan por la pantalla
de televisión y desaparecen, así ha pasado mi vida.
Como los automóviles que pasan rápidos
por las carreteras, con risas de muchachas
y música de radios.
Y la belleza pasó rápida, como el modelo de los autos
y las canciones de los radios que pasaron de moda.
Y no ha quedado nada de aquellos días, nada,
más que latas vacías, colillas apagadas,
risas en fotos marchitas, boletos rotos,
y el aserrín con que al amanecer barrieron los bares.

Y así el poeta, creyendo en sus musas, maduró vital y políticamente más que nosotros, que nos volvimos meros escritores, burócratas o diplomáticos, mientras él ya no solo camina sobre las aguas, sino sobre las nubes, como el nefelibata de Rubén Darío, y lo más milagroso, sobre la tierra, porque cuenta con el secreto de creer en lo imposible y entonces lo imposible es posible para él, y a veces lo encuentro en diversas partes del mundo, y ahora es el mismo pájaro, pero un pájaro con barba, con una gran barba blanca whitmaniana, vestido con tela de manta blanca y oigo que la gente va y le pide no autógrafos como a cualquier escritor, sino la bendición, pues saben que es sacerdote y le dicen padre y le quieren besar la mano, y él entonces se ríe y no se los permite pero los mira con una mirada con la que más bien les pide perdón para él por poseer el don de perdonarlos. Entonces, ante esto, no me queda más remedio que meditar un poco y, como ahora, me pongo sentimental y recuerdo las cantinas y los cabarets del México de aquellos años en que bebíamos cervezas literalmente hasta la náusea y bailábamos con extrañas mujeres a las que se les pagaba un peso por bailar y algo más por alguna otra cosa, en tanto el poeta, que estaba también allí, tomaba nota de la vida y hoy no puede escribir un solo verso o una sola línea que no estén llenos de vida, sin metáforas, sin adornos, llenos simplemente de vida.

Manuel Scorza
(Perú)

El 15 de noviembre pasado me encontré con Manuel Scorza. B. y yo fuimos a verlo en su departamento, 15, me Larrey, en París. Comenzamos a hablar, como siempre, de México, de amigos comunes, para desembocar, como siempre, en la literatura. Noté que Scorza había adquirido una nueva manía. Cada poco tiempo sacaba una especie de libretita y un lápiz y anotaba cualquier broma de las que decíamos, cualquier ocurrencia, mientras declaraba: «Lo pondré en mi próxima novela», y guardaba su papelito para volver a sacarlo cinco minutos después. Entonces yo le recordé que Joyce practicaba también esa costumbre y que hubo una época en que en las reuniones ya nadie quería decir nada delante de él porque todos sabían que sus frases (generalmente de lo que se hace una conversación entre escritores, solo que la mayoría las deja escapar, o las desperdicia sin preocuparse, o cuando mucho espera a llegar a su casa para anotarlas) irían a dar a sus novelas. Pero Manuel dijo: «A mí no me importa, y eso también lo voy a anotar». Y así seguimos un buen rato hasta que en un momento dado se levanta y dice riéndose: «¿Saben una cosa? Por fin ya aprendí a escribir, ya no me interesan los adjetivos ni las comas ni nada de ese tipo; ya descubrí el humor, ya hago lo que quiero, sin preocuparme neuróticamente por la forma o la perfección o esas vanidades. ¿Les leo las primeras páginas de mi nueva novela?».

Cuando le dijimos que sí, la trajo y comenzó a leer. Mientras lee yo alcanzo a ver las páginas escritas a máquina y según él ya en limpio, en las que observo tachaduras en una línea y en otra, y cambios producto quizá de la relectura preocupada de esa misma mañana, o del último insomnio.

Scorza, que comenzó leyendo con cierto brío y distintamente, va perdiendo poco a poco el aplomo y acaba por decir mejor hasta ahí, que nos está aburriendo, pero que más adelante la obra mejora, que en todo caso le falta todavía mucha investigación que hacer en la Bibliothèque Nationale porque hay cosas que tienen que estar bien documentadas. Qué fastidio, dice, ahora que ya aprendí a escribir. Y prefiere contarnos los problemas que tuvo para cobrar sus derechos de autor a no sé qué editorial, y cómo casi lo logró cuando hace algunos años, durante un congreso de escritores en una capital sudamericana, ante las cámaras de la televisión y un auditorio nacional el Presidente de la República dijo señalándolo:

PRESIDENTE: Es un honor para nosotros tener aquí al gran novelista peruano Manuel Scorza. ¿Qué mensaje nos trae, señor Scorza?

SCORZA: Señor Presidente: yo no traigo ningún mensaje; traigo una factura.

Fue cuando yo saqué mi libreta, anoté su dicho, y nos reímos.

Miguel Ángel Asturias
(Guatemala)

Cuando en 1946 apareció *El señor Presidente,* Miguel
Ángel Asturias era ya un escritor y poeta ampliamente
apreciado. Sus *Leyendas de Guatemala,* publicadas por
primera vez en 1930 y traducidas al francés por Fran-
cis de Miomandre, revelaron a cierto público europeo
un mundo mágico americano en el que los mitos se mo-
vían con la perenne juventud de lo eterno, como vivos,
actuantes portavoces de un pasado siempre presente
que impresionó a Valéry: Deslumbrado él mismo por
la riqueza espiritual del universo indígena, Asturias nos
deslumbra con la recreación de historias de dioses, animales y hombres que se complacían en inventar a su vez
el mundo, en una renovada brecha por explicarlo, por
asirlo, por trascenderlo y gozarlo. La obra poética de Asturias, sin duda opacada por la fuerza y notoriedad de
sus narraciones en prosa, se impregna desde el principio

y hasta el último momento de un aire mágico que no proviene sino de aquel pasado que nosotros, provistos quizá de otras antenas, no alcanzamos a percibir con la plenitud con que el poeta lo hace en comunicación directa con las piedras, los árboles, los rumores de un mundo perdido en el futuro remoto.

La palabra, elemento primordial. Cuando Alfonso Reyes habla de la jitanjáfora recuerda a Asturias como uno de sus inventores. La jitanjáfora, que lo expresa todo porque no significa nada. La mera oralidad infantil, la onomatopeya, la simple emisión de sonidos dicen más que cualquier otra cosa en boca de ciertos personajes del teatro y de la literatura modernos, desde Aristófanes hasta Ionesco: la forma de expresión de un submundo que pugna por hacerse oír, no por hacerse entender. *Papé Satán, papé Satán aleppe!,* grita Plutón en el *Infierno.* Voces que no significan nada, que no quieren decir nada, o que lo dicen todo. «¡Alumbra lumbre de alumbre, Luzbel de piedralumbre, sobre la podredumbre! Alumbre, alumbra, lumbre de alumbre... alumbre... alumbra... alumbre...». Son las primeras palabras de *El señor Presidente.* No se sabe quién las dice. No las dice ningún personaje. No las dice el autor. Sencillamente, están allí. Pero no es posible dudar de que son palabras infernales, de que quien las siga entrará de cierta manera en el Infierno. Entre expresiones ininteligibles y alusiones a pulgares de pilotos que naufragaron al regresar a sus países; a páramos; a puercos sentenciados a muerte antes de tiempo; a ratones sin cola, las brujas de *Macbeth* se invitan unas a otras a revolotear entre la niebla y el aire impuro, y ven que lo hermoso es feo y lo feo es hermoso.

Del mundo mágico del remoto pasado arribamos al mundo en que la acción de *El señor Presidente* tiene lugar. Una época sin época. Se supone que el señor Presidente es el licenciado Manuel Estrada Cabrera, un individuo guatemalteco que más o menos durante los primeros veintidós años de este siglo gobernó a su país de forma omnímoda. Torpe representante del Mal, en Hispanoamérica ha habido muchos otros como él: no es necesario hacer aquí su censo ni convertir estas líneas en la tediosa queja habitual contra ellos. ¿Qué objeto tendría? No hay quien no los conozca. Los malos intelectuales y los intelectuales buenos los abominan; cuando se ven libres de su presencia, nuestras preocupadas clases medias los lloran. Como un fenómeno natural y secular, ellos siguen existiendo, a pesar de que de vez en cuando, aquí o allá, se logre descabezarlos un poco. En *Tirano Banderas,* Ramón del Valle-Inclán quiso hacer con la totalidad de estos personajes uno solo. Son uno solo. Como una sola es la miseria de todo orden que los hace posibles. ¿Quién no ha advertido que el señor Presidente, ya se trate de Estrada Cabrera, de Ubico o de Castillo Armas, es apenas un ser que huye de su propio miedo erigiendo el miedo? Lo más desolador de esta historia es la comprobación de que el «dictador» es el ejecutor de lo que una minoría ilustrada de sus súbditos desearía hacer y no se atreve. Cuando el señor Presidente aparece en *El señor Presidente* uno de se da cuenta de que, de todos, él no es el peor; de que, en este caso, se trata además de un hombre asustado de la «maldad» y la «ingratitud» de quienes lo rodean; de que es, ni más ni menos, el rey que las ranas pedían a gritos. ¿Deberé añadir: que pedíamos? Es en esto, precisamente, en donde radica uno de los grandes valores de esta novela. Por supuesto, *El señor Presidente* es una sátira dirigida contra ti y contra mí, que es contra quienes las buenas sátiras se han dirigido siempre. Resulta ingenuo pensar que está dirigida únicamente contra los dictadores. Todo el mundo desea un dictador auténtico, un Julio César, un Napoleón, un padre que valga la pena. Pero a nosotros siempre tienen que salirnos estos pobres diablos hechos a imagen y semejanza nuestra: Las ranas piden rey y Júpiter sabe lo que les da. ¿No es claro que en *El señor Presidente* el personaje más desolado es el señor Presidente?

Hay en esta novela varios crímenes, un rapto, fugas, mendigos, mutilados, amores imposibles (tanto en la vida como en la literatura), policías secretos en acto o en potencia (todos), llamadas desesperadas en la noche a puertas onomatopéyicas que por el terror no se abren, alcohol (no mucho para la literatura moderna), ternura, miedo, conmiseración, amor, palabras, frases cuyo sentido se ha perdido, grandes y peligrosas caídas de literatura romántica, múltiples aciertos de literatura contemporánea.

El capítulo I, «En el Portal del Señor», describe la miseria humana más visible. La miseria de los más pobres; la de los que se niegan a sí mismos toda solidaridad,

todo respeto, todo amor; en la cual, a manera de sinies-
tro eco, se escucha la palabra madre como imprecación,
como lamento. Los pordioseros de la ciudad, sin anun-
ciarlo, anuncian de una vez por todas que, al entrar
aquí, el lector hará bien en abandonar toda esperanza.

En el capítulo IV, «Cara de Ángel», el encuentro del
Pelele con su madre constituye la página más tierna y
abrumadoramente humana de la obra entera de Miguel
Ángel Asturias. Solo Luis Buñuel, más tarde en el cine,
ha sido capaz de figurar este encuentro fugaz e infinito
de la madre-toda-ternura y el hijo-todo-necesidad-de-ter-
nura, comprometiéndose, amándose, en tanto que un pájaro, «que a la vez que pájaro era campanita de oro», dice:

—Soy la Manzanarrosa del Ave del Paraíso, soy la vida,
la mitad de mi cuerpo es mentira y la mitad es verdad,
soy rosa y soy manzana, doy a todos un ojo de vidrio y un
ojo de verdad: los que ven con mi ojo de vidrio ven porque sueñan, los que ven con mi ojo de verdad ven porque
miran: Soy la vida, la Manzanarrosa del Ave del Paraíso, soy la mentira de todas las cosas reales, la realidad
de todas las ficciones.

Por supuesto, el encuentro del Pelele con su madre
es un sueño de realización imposible, una mentira más
de las cosas reales.

Por el capítulo XIV, «¡Todo el orbe cante!», empieza
a verse la realidad real; al señor Presidente en medio
de una fiesta; a sus allegados; a sus guardaespaldas;
a sus cortesanos; amenazado aquel de pronto por un
supuesto peligro que hace temblar a todos; correr a

todos. «Aún se escuchan los gritos, aún saltan, aún corren, aún patalean las sillas derribadas». «Un coronel se perdió escalera arriba guardándose el revólver. No era nada. Un capitán pasó por una ventana guardándose el revólver. Otro ganó una puerta guardándose el revólver. No era nada. No era nada». Efectivamente, no era nada.

Sabido es que los críticos solo se equivocan cuando se trata de obras importantes. *El señor Presidente* apareció por primera vez en México, en 1946. En ese tiempo se le concedió una atención más bien menor y en algunas reseñas se da a entender que sus defectos son mayores que sus aciertos. Volveremos sobre esto. Unos cuantos años después, corriendo probablemente toda clase de riesgos, una editorial de Buenos Aires lo vuelve a publicar. Un gran público lo descubre entonces y lo convierte en una de esas grandes novelas que se debe haber leído. Los acontecimientos que en esos años tienen lugar en Guatemala llaman a su vez la atención de vastos sectores sobre Asturias, quien, con Luis Cardoza y Aragón, encabezaba la lucha de los escritores guatemaltecos contra la invasión extranjera a Guatemala. Las ediciones se suceden. Otros pueblos ven en *El señor Presidente* algo de su propia imagen, y lo traducen y lo leen con entusiasmo. Miguel Ángel Asturias se convierte en el escritor hispanoamericano más leído y apreciado mundialmente, probablemente al mismo nivel que Pablo Neruda.

En infinitas ocasiones se han publicado libros sensacionales que más tarde la gente olvida con razón. No parece ser este el caso. No se podría decir, ni mucho menos, que *El señor Presidente* es un hecho aislado; pero es un hecho deslumbrante, por sus cualidades y por sus defectos. Como ocurre con los buenos libros, los nuevos lectores y los nuevos acontecimientos (si es que en realidad hay alguna vez nuevos acontecimientos) lo mejoran. Las cualidades que hoy advertimos en él son los defectos que le descubrieron hace décadas, *i. e.,* su irrestricta libertad estilística, el uso de localismos difíciles de comprender fuera de su país de origen, su ruptura con las normas gramaticales impuestas por la Academia (la señora Presidenta de los malos escritores), sus recursos expresionistas, su insistencia en las actitudes y los sentimientos más bajos, por decirlo de algún modo, de los seres marginados o más notoriamente humanos.

De la fecha en que apareció *El señor Presidente* para acá han pasado algunos años y muchas cosas. Pero pocas cosas diferentes. Los buenos libros son buenos libros y sirven para señalar los vicios, las virtudes y los defectos humanos. Pero no para cambiarlos. El tipo de dictadores que esta novela denuncia sigue existiendo como si nada. No importa. Con ellos o sin ellos hemos ido alcanzando otros progresos: los pobres son ahora más pobres, los ricos más inteligentes y los policías más numerosos. Y *El señor Presidente* sobrevive a toda clase de traducciones, al Premio Nobel, a los elogios de la crítica, al entusiasmo del público.

Alfredo Bryce Echenique
(Perú)

Veo en *Le Monde,* en la sección dedicada este día a los libros, una nota con un titular destacado: «Un humorista genial: Alfredo Bryce Echenique», en la que Claude Couffon, traductor, entre otros, de Miguel Ángel Asturias y Carlos Fuentes, comenta *La vida exagerada de Martín Romaña,* la última novela de Bryce, que acaba de aparecer aquí traducida al francés.

Los escritores no siempre se alegran mucho de ver elogiados a sus colegas. Lo contrario suele ser lo común. Pero esta, como tantas otras, puede ser solo una verdad a medias. A mí, en este momento, me alegra ver esos elogios, como también me alegró encontrar que *Le Nouvel Observateur* escoge *Martín Romaña* como una de las cuatro mejores novelas publicadas en la semana, al lado de Joseph Roth, Dashiell Hammett y Frédérick Tristan (Premio Goncourt estos mismos días).

Conocí a Alfredo hace años en la Universidad de Windsor, Canadá, casi bajo la nieve que nos mantuvo encerrados cinco días durante un coloquio de escritores hispanoamericanos al que asistieron como figuras principales Manuel Puig, Salvador Elizondo, Ernesto Mejía Sánchez, Vicente Leñero. Ahí Alfredo, con su ingenio habitual, le contó a un público sumamente atento cómo escribía (casi sin corregir), mientras yo deseaba que alargara lo más posible su intervención porque el siguiente era mi turno. Cuando este llego, a mí, paralizado por el miedo, no se me ocurrió otra cosa que decir: «Yo no escribo; yo solo corrijo», lo que al público, no sé por qué, le pareció gracioso y comenzó a reírse y a aplaudir, y a mí me dio la impresión de que los estudiantes y los maestros tomaban la cosa como que yo estaba diciendo que mi forma de escribir era mejor que la de Bryce y ya no pude decir nada más, ni mucho menos ponerme a dar explicaciones; pero Alfredo, que aparte de un gran escritor es un hombre de mundo, lo tomó con humor y después en el pasillo nos confesamos riéndonos que ambos habíamos dicho lo que habíamos dicho nada más por miedo escénico. Desde entonces Alfredo y yo somos muy amigos y con frecuencia nos vemos ante una copa en México o en alguna otra parte, pero sobre todo aquí en Francia.

Precisamente, una de mis mejores razones para venir esta vez a Francia en tren era ver a Alfredo en Montpellier, en la universidad en que ahora enseña literatura, pero un amigo común me dice en Barcelona que no lo busque, que está enfermo o fatigado o algo, y después otro amigo me lo confirma y atribuye todo a la salida de su libro y al éxito, al cual, pienso yo, Alfredo debería estar, bueno, debería irse acostumbrando.

«Pero a través de sus mil y una aventuras —termina Couffon refiriéndose a Martín Romaña— de encantador desencantado, de "víctima de una educación privilegiada", Martín Romaña nos dice lo esencial: el inmenso talento de su inventor, un tal Bryce Echenique».

Hugo Gola
(Argentina)

Me presentaron a Hugo Gola hace cerca de siete años y desde entonces nos vemos una que otra vez; pero cuando esto sucede la poesía o la literatura se interponen entre nosotros, de tal manera que si alguna cosa, digamos las cuestiones políticas, quieren también asomarse a la conversación, son bienvenidas, aunque en este caso siempre terminen por referirse a meros intelectuales o teóricos; y así, el infaltable tema del exilio (ambos somos exiliados) tiene invariablemente que ver con el paraíso perdido (en verso blanco inglés) o con el infierno —a condición de que sea en tercetos—. Como consecuencia, hasta el día de hoy yo no conozco nada de su vida familiar ni él de la mía, y no sé si esto es bueno o malo, pero así es. Nuestros encuentros son breves, muy breves, y se efectúan en cualquier lugar y a cualquier hora, con cita previa o sin ella.

Casi de improviso llega esta tarde a casa. Antes de que tenga tiempo de poner sus papeles en alguna parte, o de sentarse, le pregunto abruptamente si sabe italiano, lo que en buena medida es probable dada su nacionalidad argentina. Sin esperar su respuesta, y con un libro abierto en la mano, le leo en voz alta:

> ¡Apiádate —yo le grité— de mí,
> ya seas sombra o seas hombre cierto!,

pero pronto me doy cuenta de que no era eso lo que quería leerle. Le ruego por fin que se siente y que me espere un momento mientras busco algo en el libro, y ahora sí leo despacio y en voz alta:

> A Lucía a llamar hizo a su lado
> y le dijo: «Tu fiel te necesita
> y yo le recomiendo a tu cuidado».
> Lucía, que al dolor sus armas quita,
> fuese al lugar en el que yo me era,
> junto a Raquel sentada, la israelita.

—¿Es la traducción de Ángel Crespo? —me pregunta Gola.

—Sí.

Entonces examinamos el original de Dante en la página par. *Infierno,* Canto segundo, verso 102: *Che mi sedea con l'antica Rachele,* y nos convencemos de que lo más parecido que en ese verso y aledaños hay a «israelita» es «*antica*», pero como «antigua» no es consonante del «quita» de dos versos arriba, ¿qué mejor que este oportuno «israelita»?

Esto nos lleva al asunto de otras traducciones en verso de la *Divina Comedia*. Hugo recuerda la de alguien —cuyo nombre no retuve— en endecasílabos no aconsonantados y por tanto mucho más fiel, menos alegre; y yo la vieja del español Juan González de la Pezuela, Conde de Cheste, pero sobre todo la del general y presidente de la República Argentina Bartolomé Mitre (1821-1906), del que Raimundo Lida nos contaba aquí en México hace años, en el café Triana, que en Buenos Aires los niños de la escuela oyen el nombre y lo escriben como Bartolo Memitre; y de otros que, quizá más imaginativos, entienden el primer verso de la Égloga Primera de Garcilaso de la Vega,

El dulce lamentar de dos pastores

como

El dulce lamen tarde dos pastores.

En ese momento pienso que algún día debo enviar todo esto a Darío Lancini, el gran palindromista venezolano autor no solo de *Oír a Darío* (hablando de lo mismo, Jaime García Terrés me adelantó la otra tarde que en una próxima *Gaceta del Fondo* vienen palindromas suyos [de Jaime] y comentamos de paso el libro reciente, *Palindromía,* del veterano en esta manía, Miguel González Avelar, con sus hallazgos, su obra de teatro en palindromas y su acucioso prólogo en que denodadamente trata de establecer las leyes que rigen —no en balde Miguel es presidente de la Gran Comisión del Senado— estos viajes de ida y vuelta de las palabras, con algunos atajos y hasta con callejones sin salida, como sucede, no faltaba más, con cualquier ley), sino asimismo de unos *Textos bifrontes* («que comparados textualmente tienen diferente grafía pero igual masa fonética», señala Jesús Sonaja Hernández) de que anoto dos pequeñas muestras:

> Entrever desaires.
> Entre verdes aires.
> El Hacedor mira un ave sin alas timada.
> Él hace dormir a una vecina lastimada.

Vuelvo al general y presidente de la República Argentina Bartolomé Mitre y le recito a Gola de memoria, como muestra ripiosa:

> Papé Satán, papé Satán aleppe,
> grita Pluto con voz estropajosa,
> y el grande sabio, sin que en voz discrepe,
> me conforta diciendo: no medrosa
> tu alma se turbe, porque no le es dado
> impedir que desciendas a esta fosa.

(*Infierno,* Canto séptimo, versos 1-6), en donde, por la fuerza del consonante, Virgilio, el más dulce de los poetas, como decían antes, resulta hablando con voz estropajosa, casi en la misma forma en que con Crespo la antigua Raquel símbolo de la vida contemplativa, se vuelve una mujer con su buena nacionalidad israelita, y uno puede imaginarla contemplando algo en su kibutz.

Como en ese momento yo tenía que salir, ya no hallé la oportunidad de aclararle a Gola que cuando llegó minutos antes y le pregunté si sabía italiano yo había estado, desde hacía un buen rato, comparando el verso de Dante «Ya seas sombra o seas hombre cierto» (*qual che tu sei, od ombra od omo certo*) con la inmortal imprecación que el gran don Ramón del Valle-Inclán le lanzó cierta tétrica media noche a unas sombras cerca de un cementerio:

¿Sois almas en pena o sois hijos de puta?,

que viene a ser, ahora lo descubro, el mismo verso de Dante traducido en prosa por quien mejor sabía.

Eduardo Lizalde
(México)

Eduardo Lizalde vino a casa con su *Memoria del tigre,* recién (y espléndidamente) editado, en el que recoge sus libros anteriores de poesía y su impresionante producción «de la última época».

No sé cuánto tiempo hace que Lizalde y yo somos amigos, pero creo que a estas alturas no habrá ya nada, ni ideas políticas, ni problemas de trabajo, ni malentendidos, todo ese tipo de cosas enemigas de la amistad y hasta de las buenas maneras, que nos haga borrar u olvidar un afecto y una admiración (que optimistamente pienso mutuos) persistentes durante por lo menos los últimos veinticinco años, años en que ambos hemos visto crecer nuestro trabajo, él siempre firme y empeñado, sin decirlo, pero lográndolo, en convertirse en el mejor poeta de su generación y, por qué no habría de pensarlo yo, en uno de los dos o tres mejores del México actual. Basta leer los poemas de esa «última época» para darse uno cuenta del poeta que ha llegado a ser, y del que está constantemente naciendo y renovándose en él.

Horacio Quiroga
(Uruguay)

Horacio Quiroga nació en El Salto, Uruguay, el último día de 1878, y murió en Buenos Aires el 19 de febrero de 1937, de manera que compartió uno de los periodos más ricos de la literatura hispanoamericana: son contemporáneos suyos, entre otros, Leopoldo Lugones, José Enrique Rodó, Rubén Darío, Julio Herrera y Reissig, Vicente Huidobro, Ramón López Velarde.

Recordaré ahora que empezó a escribir alrededor de los quince años y que prácticamente no dejó de hacerlo durante toda su vida, a pesar de largos trechos en que no publicaba libros; que pronto cayó en la tentación obsesiva de los artistas de su tiempo: viajar a París, y que de su corta estadía allí, aparte de conocer personalmente a Rubén Darío, no sacó mayor cosa de provecho, a no ser, quizá, algo de desencanto: París no era para él; que muy joven capitaneó en Montevideo un alegre grupo literario que se llamó, con humor bohemio y modernista, Consistorio del Gay Saber, rival amistoso (hasta donde eso puede ser entre escritores) de otro no menos entusiasta, la Torre de los Panoramas, comandado por Julio Herrera y Reissig; que comenzó escribiendo con los seudónimos de Guillermo Wynhardt (nombre del protagonista de *El mal del siglo,* de Max Nordau) y Aquino Delagoa, según el *Parnaso Oriental*, que nunca miente; que publicó revistas literarias, incurrió en el periodismo y acometió negocios descabellados que terminaban, sin remedio, en el fracaso o en simples incendios; que como la mayoría de los escritores, con talento o con las palancas adecuadas, de Hispanoamérica, sirvió en el cuerpo consular y diplomático y que, como todos ellos, no hizo ahí nada de utilidad para su país excepto convertirse en él mismo; que, según dicen, quiso a la selva más que a nada en el mundo; que su poesía adolece de los peores defectos del Modernismo y no cuenta con ninguna de las sólidas virtudes de este; que practicó con amor el ciclismo y con odio la enseñanza de la literatura; y que intentó novelas y aun dramas con muy mediano éxito, puesto que, finalmente, para lo que estaba llamado era para el cuento, género que manejó como muy pocos en nuestro idioma y en cualquier idioma.

Este hombre enjuto, desgarbado y pertinaz, conoció rechiflas y aplausos, riqueza y pobreza, serpientes, ríos pequeños y ríos inmensos, hormigas incontenibles y mieles venenosas, y a muchos hombres, atrapados en la ciudad o en la selva. Pero por sobre todo conoció de cerca la tragedia. Su vida es un largo sueño trágico. Si un día alguien hubiera imaginado un hombre con un destino como el de Quiroga y hubiera escrito un cuento con ese tema, ese cuento sería malo y de una monotonía mortal, en el sentido exacto de la palabra monotonía y de la palabra mortal.

Es difícil dejar de estremecerse cuando se piensa en la amargura que persiguió a Rubén Darío; en los descalabros, en los naufragios, en la muerte voluntaria del pobre José Asunción Silva y en su larga sombra larga; en la debilidad del triste Julián del Casal, en el asesino Chocano y en el asesinado Chocano. Pero si uno se pone a pensar, todo eso es previsible y puede ocurrirle a cualquiera.

Quiroga descarta toda posibilidad de previsión.

La Rochefoucauld se regodeaba al afirmar que en la adversidad de nuestros mejores amigos hay siempre algo que no nos desagrada. Pues bien, nadie, cuando habla de Quiroga, se resiste a enumerar casi con gusto la interminable nota necrológica que fue su vida.

Fíjense: su padre, sin quererlo, se da muerte con una escopeta de caza; su hermano mayor muere en un accidente; su padrastro cae víctima de la parálisis, y un día, desesperado, tras una laboriosa tarea de intensos minutos, logra por fin colocarse en la boca el cañón de una escopeta y disparar la muerte con el dedo pulgar de su pie derecho; su gran amigo literario, Federico

Ferrando, previendo que tendría que batirse en duelo, compra una pistola y va a ver a Quiroga para que este lo instruya en su manejo: Quiroga, buen conocedor, ignora que el arma está cargada, sale un tiro, y este tiro, cuyas probabilidades de ir a cualquier otra parte se cuentan por millones, va a dar muerte a Fernando y sume a Quiroga en la desesperación. Cierto día Quiroga emprende en la selva una de sus fantásticas empresas económicas, labra la tierra y levanta su casa con sus propias manos; cuando la casa está suficientemente habitable y bella, lleva a vivir con él a su mujer, con el resultado de que, desquiciada por una vida para la que no estaba hecha, su mujer se suicida ingiriendo veneno. Años más tarde, aquel 19 de febrero de 1937, el propio Quiroga, perseguido por los males físicos, se mata en forma semejante. El epílogo lo pone su hija, quien también se suicida algún tiempo después. No, nadie podría escribir un buen cuento con ese tema: demasiados tiros, demasiado cianuro, demasiado azar.

Pero Quiroga sí; esas muertes desatinadas estarán presentes en casi toda su obra, en la que predomina el horror, en la que seres extraños, alcohólicos, locos, o, lo que es peor, enteramente cuerdos, pueden aparecer vivos en cualquier instante detrás de cada página. Excepto en pocos momentos, sus cuentos están unidos por un hilo común: la mayoría participan de la fatalidad o de lo ingrato. Hay, en todos, también, un sentido humano profundo, una grandeza, un amor viril a las cosas, a los animales, a los hombres, un amor a la vida cuyas raíces tal vez debamos buscar en aquella confusión de disparos y cianuro, en aquellas muertes con las que Quiroga se saludaba todos los días. Pero habría que tener presente que Horacio Quiroga quiso dar, y los dio, y muy buenos, consejos o reglas sobre la mejor manera de escribir cuentos, no de vivir la vida.

José Donoso
(Chile)

La *Historia personal del boom* de José Donoso, que no se reeditaba desde su primera aparición en 1972, presenta ahora tres novedades: doce años más de nostalgia, un Apéndice titulado «El boom doméstico», escrito por la mujer de Donoso, María Pilar Serrano, y otro Apéndice actualizante del mismo Donoso. Así, aparte del valor documental que tienen los recuerdos y testimonios del novelista sobre el nacimiento y desarrollo de ese fenómeno según pocos a punto de extinguirse y según muchos ya extinguido, más sus clasificaciones en protobumes y bumes junior, a lo que reaccionaron sin entusiasmo, por decir lo menos, algunos autores (recuerdo que Jorge Ibargüengoitia escribió en su columna del diario mexicano *Excélsior* que no le interesaba para nada figurar clasificado en lo que Donoso llama el grueso del bum: Roa Bastos, Puig, Leñero, Viñas, Martínez

Moreno, Benedetti y otros). María Pilar escribe ahora su parte con la espontaneidad literaria de alguien que no se pretende escritor pero asimismo con la malicia y el ojo más penetrante de quien, aparentemente al margen, como suele pensarse de las esposas de los artistas (abominables o encantadoras según vayan los estados amistosos), vive y observa y, lo que con el tiempo representa más peligro, recuerda. De modo que aquí surgen Fulano y Mengano vistos no como escritores o a través de sus obras, sino como los amigos de todos los días, con sus afectos o sus odios, sus debilidades o sus fortalezas políticas, contadas también por quien las observó desde sus propios prejuicios o posiciones, pero en todo caso con valiente sinceridad.

Fui y sigo siendo amigo de ambos y de su perro Peregrín (hoy muerto), que muchas veces durmió en mi cama; pero nunca asistí, como podría desprenderse de un pasaje del libro, a las fiestas de Carlos Fuentes, entre otras razones porque nunca fui invitado; pero la memoria de los escritores es así y ahora yo parezco formar parte de aquellos alegres veintes mexicanos que no viví en 1965. De nostalgia a nostalgia, recuerdo más bien que con Pepe y María Pilar celebrábamos en mi casa las fiestas que yo llamaba fiestas Walter Mitty, que consistían en formular grandes listas de personajes a quienes invitaríamos, y después, de acuerdo con los defectos o la simpatía de cada uno de ellos, en ir tachando nombres hasta que, como a las dos o tres de la mañana, no quedaba ninguno, y la fiesta no se hacía porque ya la habíamos vivido. Ignoro si todos podrán seguir diciendo (bueno, sintiendo) que son sus mismos amigos de antes. Por mi parte, cuando la suerte me lleva a Madrid organizo la manera de ir con B. al edificio de departamentos que Pepe y María Pilar ocuparon allí durante un tiempo, y en donde nos despedimos hace tres años, dos días antes de su regreso a Chile; una vez ahí le pregunto al portero si están los señores Donoso y él ingenuamente me dice siempre que no, que «se han marchado».

Sebastián Salazar Bondy
(Perú)

Cuando ven una obra de arte autóctono o, en los últimos tiempos, leen en español determinada poesía indígena prehispánica, no faltan quienes estén dispuestos a asombrarse quizás un poco más de la cuenta y a atribuir a tales trabajos un mérito que seguramente no tienen: el de haber sido hechos o escritos por seres inferiores al hombre. Para no exagerar: gracias a un fácil mecanismo mental, muchos consideran dichas obras si no la creación de seres irracionales, sí por lo menos de sujetos con mentalidad frontera a lo infantil. De ahí también otro efecto paralelo: la excesiva y a veces más que inmerecida admiración por ciertas manufacturas folclóricas nuestras, cuyo encanto no existiría sino a través de aquel falso supuesto, o sin la técnica chambona del autor, conocido o desconocido.

No sé si tan entusiasta, o tan solo con mayor tolerancia para sus congéneres de no importaba qué cultura (pienso en su defensa de las prácticas caníbales), Miguel de Montaigne no incurrió en lo mismo cuando en su siglo anotó esta canción indígena de Brasil:

Detente, culebra, detente, a fin de que mi hermana copie de tus hermosos colores el modelo de un rico cordón que yo pueda ofrecer a mi amada; que tu belleza sea siempre preferida a la de todas las demás serpientes.

Y cuando añadió:

Yo creo haber mantenido suficiente comercio con los poetas para juzgar de esta canción que no solo nada tiene de bárbara, sino que se asemeja a las de Anacreonte. El idioma de aquellos pueblos es dulce y agradable y las palabras terminan de un modo semejante a las de la lengua griega.

Oscurecida como lo estuvo durante siglos por el fanatismo o el olvido, la poesía de las diversas culturas indígenas americanas es hoy considerada cada vez más según sus valores esenciales. Gracias a una especie de Renacimiento que hoy nos hace volver los ojos a ellas, ya son pocos, si es que los hay, los que aún hacen estas comparaciones entre poesías indias y cultas para convertir en aceptables las primeras. Y esto empieza a dar por resultado el descubrimiento o la mera divulgación de obras que depararán más de una sorpresa a quien se acerque a ellas no con el espíritu del que se asombra de que de nuestros bisabuelos hicieran poesía, como si aún hubieran sido subhombres, sino con la optimista suposición de que, como nosotros, en cierta medida habían dejado ya de serlo.

En una selección de poesía quechua preparada por el poeta peruano Sebastián Salazar Bondy, hoy muerto, que publicó la Universidad de México hace años, reencuentro un puñado de poemas prehispánicos que comprenden himnos y oraciones, poesía amorosa y pastoril y poesía dramática y folclórica, y pienso en estados de ánimo que vivieron y que de seguro viven hoy los habitantes de la altiplanicie andina; desde los que se expresan en los himnos dedicados a Uira-Cocha, Señor del Universo, y en la impresionante «Elegía a la muerte del Inca Atahualpa»:

> La tierra se niega a sepultar
> a su Señor,
> como si se avergonzara del cadáver,
> como si temiera a su adalid
> devorar;

hasta los que asoman en el mágico «Yo crío una mosca»:

> Yo crío una mosca
> de alas de oro,
> yo crío una mosca
> de ojos encendidos.
> Vaga en las noches

como una estrella;
hiere mortalmente
con su resplandor rojo,
con sus ojos de fuego,

que, si hubiera tenido la suerte de conocerlo, Montaigne comparía con algo semejante de William Blake.

Ahora bien, yo tenía una duda. El hallazgo, en estos y otros poemas contenidos en el libro de Sebastián, de metáforas y expresiones que un poeta moderno podría suscribir, ¿nos da derecho a temer que estas traducciones adolezcan del mismo defecto en que incurrieron bien intencionados traductores de otros tiempos cuando trasladaron al español los poemas del rey-poeta mexicano Nezahualcóyotl en formas líricas tradicionales españolas, de que no son mal ejemplo estas estrofas que me pasa Rubén Bonifaz Nuño?:

No bien hube nacido
y entrado en la morada de dolores,
cuando sentí mi corazón herido
del pesar por los dardos punzadores.

Crecí en afán prolijo
y al verme solo prorrumpió mi labio:
¿Qué hace en la vida desvalido el hijo
si no lo sabe guiar consejo sabio?

Uno puede imaginar a Nezahualcóyotl buscando con aflicción en su *Diccionario de la rima* estas difíciles consonancias en *ido,* en *ijo,* en *abio* y en *ores.*

Cuando le comuniqué este temor y esta sospecha a mi amigo Salazar Bondy, famoso autor de *Lima la horrible,* y le di a conocer esas estrofas, decía que yo era un bromista, y se reía, y hacía bien.

Ninfa Santos
(Costa Rica)

Visita a Ninfa Santos en su casa de Santa Catarina, en Coyoacán, con B. y Fabienne Bradu, que desea conocerla, como todos los que no han tenido ese privilegio y han oído hablar de ella y nos oyen hablar a nosotros. A veces pienso que quieren convencerse de que Ninfa (para empezar, llamándose así; pero en Centroamérica, de donde Ninfa llegó a México hace muchos años, esos nombres, que cualquier árcade o poeta bucólico querría para seudónimo, son más frecuentes de lo que uno se imagina, aunque son precisamente los poetas los que hacen llamar la atención sobre ellos: Claribel Alegría al mismo tiempo que Eunice Odio y Hugo Lindo y Yolanda Oreamuno), de que Ninfa Santos de verdad existe; y hay alguna razón para esto porque Ninfa estuvo largas temporadas en el servicio exterior mexicano, en Nueva York, en Washington y por último un extenso periodo en Roma; hoy se la puede ver en su oficina de Relaciones Exteriores, en su casa y en ocasiones en el restaurante Los Geranios, de la calle Francisco Sosa en Coyoacán, siempre rodeada de amigos, de aquí y de todo el mundo, que la atienden con solicitud; todos están, estamos en deuda permanente con ella. El otro día corregí las pruebas de una nueva edición de su libro de poemas *Amor quiere que muera* (título extraído de un verso de Garcilaso de la Vega: «Amor quiere que muera sin reparo», Égloga Segunda, v. 374), que publicó por primera vez en 1949 con ilustraciones de Santos Balmori.

Mi amiga busca conversar de escritoras mexicanas que Ninfa trató o trata íntimamente. Y Ninfa comienza a recordar, a leer trozos de cartas, a contar anécdotas con su envidiable memoria para el detalle y con evidente afecto, pero a la vez entre bromas y autoironías (cuando en otras oportunidades la he oído hablar me he dado cuenta de que todavía no ha aprendido que la naturalidad, las bromas sobre uno mismo y la autoironía son tomadas por lo general en serio y que, contrario a lo que podría esperarse de personas inteligentes, reírse de uno mismo termina por hacer que los demás lo escuchen a uno con ligereza y dejen de tomarlo en cuenta, pues aunque lo niegue, en realidad la gente no es muy sutil y respeta en secreto a los solemnes, o si no los respeta por lo menos les teme, y del miedo a la reverencia no hay más que un paso; pero nadie va a hacer cambiar a Ninfa, y este es el precio que se paga por ser como

ella es, y ella lo sabe y no le importa), bromas y autoironías que intercala en los recuerdos para ocultar su
emoción y dar a entender que cuanto a ella le sucede
es así de común, que lo extraordinario y lo insólito es
así, así de sencillo, y así de todos los días como ella cree
serlo.

Rubén Bonifaz Nuño
(México)

a) Visito esta mañana en la Universidad a Rubén Bonifaz Nuño. Sobre su escritorio, siempre lleno de cartas, telegramas, libros y folletos, distingo claramente un grueso volumen. Busco el título: Tito Lucrecio Caro *De la natura de las cosas*, en la versión de Bonifaz que ha venido trabajando desde hace varios años, como antes lo hizo con las *Geórgicas*, las *Bucólicas* y la *Eneida* de Virgilio, los *Cármenes* de Catulo, las *Elegías* de Propercio, el *Arte de amar*, los *Remedios del amor* y las *Metamorfosis* de Ovidio, más unas *Églogas* de Dante y una *Antología de la poesía latina* (con Amparo Gaos). ¿En unos veinticuatro, veintiséis años? A esto habría que añadir su propia obra poética, mucho más difundida, y ampliamente reconocida como de primer rango; pero este día, en este instante y a la vista del Lucrecio, me impresionan una vez más sus traducciones, este trabajo y este brío.

Hoy, mientras hablamos, pienso en su invencible voluntad, y lo envidio; en su indiferencia ante el éxito momentáneo, y lo envidio; en su resignación (no es esta la palabra, pero no se me ocurre otra) a que este prodigioso esfuerzo sea conocido casi solo por especialistas (llama su secretaria, habla de un pasaporte: en estos días Bonifaz se dirige a Roma, en donde ha sido elegido miembro de la Academia para Fomentar la Latinidad entre las Naciones) y a que aquí y ahora ni siquiera se vislumbre, ya no digamos sea apreciado por un gran público, que si supiera evaluarlo miraría todo como el trabajo de un hombre fuera de este mundo, pero el que apenas percibe, o del que difícilmente se entera, y envidio su tranquilidad y me avergüenzo cuando me recuerdo a mí mismo colocando mi librito en lugar visible cada ocasión que voy a una librería o me sorprendo entristeciéndome porque alguien que me importa pasó por alto esta página hace una semana.

El título dice así, la *Natura,* no la *Naturaleza,* como se ha traducido tradicionalmente; pero Bonifaz prefiere, desde que comenzó a traducir a estos autores, usar hasta donde le es posible los términos españoles que ajustándose más a los latinos sigan siendo español, y de esta manera los *Carmina* de Catulo en su versión original continúan siendo *Cármenes* en la traducción de Bonifaz, y no «poemas» o «poesías». Para él, pues, *De rerum natura* es la *natura* de las cosas, y el español, su español, es tan rico que puede ser latín y español al mismo tiempo, aunque en este caso uno se haya acostumbrado ya tanto a la natura de naturaleza que natura venga a constituir un lujo que Bonifaz ha adquirido todo el derecho a permitirse, y se lo comento. Pero él solo sonríe mientras me señala en la portada del libro un ojo dentro de la figura recortada de un animal difícil de reconocer a primera vista, «¿Sabes lo que es?», me dice.

Yo dudo un segundo, pero solo un segundo. «Claro —le digo—; la Loba Capitolina, que está en Roma», y es como si me hubiera ganado un premio, pues con anterioridad había hecho a otros la misma pregunta, sin buen resultado. Me viene a la memoria, entonces, y se la cuento, la vieja broma del niño de secundaria que interpelado sobre qué cosa es la Acrópolis responde con aplomo: la Loba que amamantó a Romeo y Julieta.

b) Todo es construir

En esta misma Bibliotheca Scriptorum Graecorum et Romanorum Mexicana, que a pesar de su belleza tipográfica y sus alegres portadas asusta un poco a la gente con su serpenteante nombre de tirabuzón o de tornillo sin fin, existe ya una traducción en prosa de la obra de Lucrecio, realizada por mi compatriota René Acuña. En 1959 Acuña pasó por esta ciudad, de regreso de España, tremendamente necesitado de trabajo y obligado a hacer cualquier cosa, de la naturaleza que fuera. «¿Como qué?», le pregunté la noche que fue a visitarme en la calle de Ebro, 12. «Bueno, puedo traducir latín o colocar ladrillos, pero de esto último ya me aburrí —me respondió mostrándome las manos sangrantes, con un gesto de Macbeth—; es lo que he estado haciendo las últimas dos semanas».

Por supuesto, al día siguiente lo llevé a ver a Bonifaz Nuño en la Imprenta Universitaria. Hablaron una media hora de diversas cosas, y entre otras, de Lucrecio. Al final de su conversación vi a Rubén darle un libro y papel y lo oí decirle: «Bueno, tradúzcame treinta páginas como prueba», quizá con la idea de que eso sucedería dentro de cuatro o seis meses o tal vez nunca. Pero Acuña las llevó traducidas al otro día, consiguió el encargo de traducirlo todo y hoy tenemos su versión en prosa al lado del texto original y en la misma colección de nombre penetrante y sin fin.

c) Así es la cosa

Con Bonifaz Nuño he compartido durante cerca de cuatro décadas (para hablar un poco en su idioma) muchas aficiones, entre las cuales no es la menos importante la de la risa; la afición a reírnos epicúreamente de cantidad de cosas pero sobre todo de nosotros mismos, antes y después de, de pronto, ponernos serios de veras ante la naturaleza de algunas cosas; bien, ¿lo diré?, de cosas como el alma, de cosas como la verdad, que en épocas hemos buscado juntos; en oportunidades hemos estado a punto de encontrarla y sospecho que en un tiempo hasta creímos haberla encontrado; la naturaleza de la verdad artística, del destino humano, del nuestro, del de nuestro trabajo. Pero he aquí que esos cinco minutos, una vez más, han pasado: suena el teléfono, o llega alguien a pedirle una firma, y el diálogo se interrumpe de nuevo entre bromas, y así son estas cosas, y su natura.

Compartimos también desde que nos conocemos la *Divina Comedia,* el *Quijote,* a Garcilaso y *Los tres mosqueteros,* y cuando hemos tenido que tomar entre los dos o individualmente alguna decisión: valerosa, sentimental, sutil o de simple habilidad, consideramos lo que hubiera hecho, pensado o sentido cualquiera de estos.

Admiro mucho su poesía, y creo tanto en su perdurabilidad y permanencia que en varias ocasiones le he pedido que me permitiera corregir las pruebas de sus libros con el fin de aparecer en el colofón e introducirme así en su viaje al futuro. Lo comentamos y lo hacemos, y esto podría tomarse como una broma de mi parte, pero no lo es tanto.

En mi libro *Lo demás es silencio* figura un personaje que mientras habla lo hace con una espada en la mano, dando saltos hacia atrás y pasos hacia adelante y colocando la punta de esa espada entre los ojos de su interlocutor, en posición de estocada de Nevers. Esa imagen es un homenaje a Bonifaz Nuño, que naturalmente y entre multitud de otras cosas sabe también esgrima, y cuando le pedí su asesoría para no errar en este campo me aseguró que las cinco líneas dedicadas allí a ese tema están bien.

Hasta hace poco yo le mostraba cualquier página mía antes de darla a la imprenta; ya no, porque respeto cada vez más su tiempo.

Claribel Alegría
(El Salvador)

La salvadoreña Claribel Alegría pasó por México de regreso de un viaje de trabajo (lecturas, debates, entrevistas de prensa) por los Estados Unidos y Canadá. Como de costumbre, alegre y aparentemente despreocupada: Darwin (Bud) Flakoll, estadounidense, su esposo, chispeante también pero pronto a la reflexión y al dato preciso. Hace muchos años que los conozco y saber que somos amigos me ayuda más de lo que ellos pueden imaginar; cada cierto tiempo nos vemos, y nos llamamos desde dondequiera que estemos, para lo alegre o lo triste.

En los primeros cincuentas convivimos en México días y meses de intensa literatura cuando Juan José Arreola y Juan Rulfo, por dar un ejemplo, eran desconocidos, pero no para nosotros, ni mucho menos para Claribel y Bud, que ya preparaban en inglés su hoy

histórica antología *New Voices of Hispanic America* y
que aparecería unos diez años después (Beacon Press,
Boston, 1962), con todos, o casi todos los que han significado algo en la literatura hispanoamericana de hoy.
Luego, en Santiago de Chile (Claribel y Bud han hecho
invariablemente de su casa, en cualquier sitio que estén, el lugar en que los escritores se reúnen y se sienten
amigos).

En los últimos tiempos nos hemos encontrado en
Nicaragua, en donde viven y trabajan desde el triunfo de la Revolución sandinista, por la que luchan con
el mismo coraje que ponen para escribir, o por la que
escriben con el mismo coraje que ponen en la lucha.
Uno va ahora a Nicaragua y ahí están ellos, no ocupa-
dos en otra cosa que en la defensa (cercanos a Tomás
Borge, Sergio Ramírez y tantos otros) de la causa de
Sandino, con la sencillez de siempre. Hace pocos días,
almorzando en casa con Neus Espresate, su editora en
México, y otros amigos, cuentan que tienen planes de
ir un tiempo a su hogar en Mallorca: «Si las cosas van
bien en Nicaragua —dice Claribel— iremos después de
las elecciones; pero si hay invasión nos quedaremos».
Y todos nos damos cuenta de que así sería, porque ella
no añade nada del tipo de «a luchar» o «a morir», nada
que dramatice su decisión.

No puedo menos que pensar en las veces que con-
versamos de estas cosas con Cortázar y Carol, su mujer,
en Managua, y la determinación sigue siendo la misma.
La misma que cuando vi a Claribel hace unas semanas

en una tribuna famosa de Nueva York, después de su recital, contestando las preguntas del público (no siempre amistoso: un matrimonio salvadoreño se retiró, con protesta escrita en el libro de visitantes, no faltaba más), convertida en algo muy serio, ya no en plan de simple defensa de una causa justa y clara sino de desenmascaramiento de las mentiras que dos días antes había dicho en la televisión el presidente de un país como los Estados Unidos (bueno, así de grande) contra un país como Nicaragua (así de minúsculo según él lo ve) y era imposible no relacionar aquello con el pequeño Martí combatiendo al monstruo desde dentro, desde sus entrañas.

José Durand
(Perú)

José Durand, quien desde hace varios años ha enseña-
do literatura hispanoamericana en las universidades
de Michigan y Berkeley, me hace llegar su *Ocaso de sirenas.* La primera edición apareció en 1950 y es en la
actualidad inencontrable excepto en manos de especialistas o manatiólogos, como los llama el poeta Ernesto
Mejía Sánchez en el propio libro de hoy, ilustrado con
los dibujos originales de Elvira Gascón, más nuevos
grabados antiguos. (¿No suena mal eso de nuevos grabados antiguos, a manera de oxímoron por grabados
antiguos nuevamente publicados?).

Durand insiste hoy por teléfono en que no se trata de
una simple reedición ni de una antología como según
él podría desprenderse de la solapa. Y así es, y yo lo sé
muy bien pues en los últimos años he visto los capítulos añadidos y las nuevas versiones en borrador aquí y

en otros países hasta los que me han alcanzado por correo, y lo he observado a él trabajar infinitamente, esta es la palabra, en la ampliación y reducción y ampliación de esta obra en sí misma con algo de sirena por su pertenencia al mundo de los seres mezclados (como si hubiera de otros), mitad esto, mitad aquello; y de esta manera *Ocaso* tiene, si se lee bien, una mínima parte de documentos y una máxima del talento de Durand para convertir la historia en literatura y los ficheros en este producto de creación y delectación morosas.

En este instante tengo que hacer un gran esfuerzo para no anotar aquí historias personales de Durand, que le dejo de buena gana en estos momentos en que él mismo juega con el proyecto de escribir sus memorias de Hamburgo 29-12. Durand, el hombre que más sabe sobre los *Comentarios reales* y toda la obra de Garcilaso de la Vega *el Inca* (su compatriota), el único de mis amigos que tiene la facultad de decir, sin equivocarse, claro, y en minuto y medio, si la grabación de una sinfonía de Mahler está dirigida por Bruno Walter o por Georg Solti; el solo capaz de escribir en una tarde un ballet basado en un cuento de Juan Rulfo; y (no sé si cometo una indiscreción) de perseguir durante varios meses a una mujer, de preferencia bailarina, durante dieciocho horas hábiles diarias por todos los medios de comunicación posibles, incluido el cajón (instrumento musical), que puede tocar doce horas seguidas, digamos de las siete de la tarde a las siete de la mañana del día siguiente, sin importar para nada que la bailarina, con los pies ligeros, naturalmente, haya huido a las siete y cuarto de la tarde anterior; y el único, en medio de todo esto, capaz de perseguir a la vez, paso a paso, en las páginas de Cervantes, las huellas del amor platónico, plotínico y dantesco; entre las de Cristóbal Colón, Antonio de Torquemada, fray Toribio de Benavente (dicho Motolinía), fray Bartolomé de las Casas y tantos otros, las huellas, por fin, del manato, o manatí o peje mujer, según el *Diccionario de Autoridades* «pez así llamado por la semejanza que tiene del medio cuerpo arriba con las facciones o miembros humanos, especialmente de la mujer, y a ellos cría a sus hijos», hasta llegar a producir esta insólita obra de paciencia erudita y de persecución melancólica, no a lo largo y a lo ancho de los mares abiertos (pero al fin agotables), como Melville a su ballena, sino del tiempo y de las bibliotecas sin límites, como su maestro Raimundo Lida, a quien está dedicada.

Jorge Luis Borges
(Argentina)

Cuando descubrí a Borges, en 1945, no lo entendía y más bien me chocó. Buscando a Kafka encontré su prólogo a *La metamorfosis* y por primera vez me enfrenté a su mundo de laberintos metafísicos, de infinitos, de eternidades, de trivialidades trágicas, de relaciones domésticas equiparables al mejor imaginado infierno. Un nuevo universo, deslumbrante y ferozmente atractivo. Pasar de aquel prólogo a todo lo que viniera de Borges ha constituido para mí (y para tantos otros) algo tan necesario como respirar, al mismo tiempo que tan peligroso como acercarse más de lo prudente a un abismo. Seguirlo fue descubrir y descender a nuevos círculos: Chesterton, Melville, Bloy, Swedenborg, Joyce, Faulkner, Wolf; reanudar viejas relaciones: Cervantes, Quevedo, Hernández; y finalmente volver a ese ilusorio Paraíso de lo cotidiano: el barrio, el cine, la novela policial.

Por otra parte, el lenguaje. Hoy lo recibimos con cierta naturalidad, pero entonces aquel español tan ceñido, tan conciso, tan elocuente, me produjo la misma impresión que experimentaría el que, acostumbrado a pensar que alguien está muerto y enterrado, lo ve de pronto en la calle, más vivo que nunca. Por algún arte misterioso, este idioma nuestro, tan muerto y enterrado para mi generación, adquiría de súbito una fuerza y una capacidad para las cuales lo considerábamos ya del todo negado. Ahora resultaba que era otra vez capaz de expresar cualquier cosa con claridad y precisión y belleza; que alguien nuestro podía contar nuevamente e interesarnos nuevamente en una aporía de Zenón, y que también alguien nuestro podía elevar (no sé si también nuevamente) un relato policial a categoría artística. Súbditos de resignadas colonias, escépticos ante la utilidad de nuestra exprimida lengua, debemos a Borges el habernos vuelto, a través de sus viajes por el inglés y el alemán, la fe en las posibilidades del ineludible español.

Acostumbrados como estamos a cierto tipo de literatura, a determinadas maneras de conducir un relato, de resolver un poema, no es extraño que los modos de Borges nos sorprendan y que desde el primer momento lo aceptemos o no. Su principal recurso literario es precisamente eso: la sorpresa. A partir de la primera palabra de cualquiera de sus cuentos, todo puede suceder.

Sin embargo, la lectura de conjunto nos demuestra que lo único que podía suceder era lo que Borges, dueño de un rigor lógico implacable, se propuso desde el principio. Así en el relato policial en que el detective es atrapado sin piedad (víctima de su propia inteligencia, de su propia trama sutil), y muerto, por el desdeñoso criminal; así en la melancólica revisión de la supuesta obra del gnóstico Nils Runeberg, en la que se concluye, con tranquila certidumbre, que Dios, para ser verdaderamente hombre, no encarnó en un ser superior entre los hombres, como Cristo, o como Alejandro o Pitágoras, sino en la más abyecta y por lo tanto más humana envoltura de Judas.

Cuando un libro se inicia, como *La metamorfosis* de Kafka, proponiendo: «Al despertar Gregorio Samsa una mañana, tras un sueño intranquilo, encontrose en su cama convertido en un monstruoso insecto», al lector, a cualquier lector, no le queda otro remedio que decidirse, lo más rápidamente posible, por una de estas dos inteligentes actitudes: tirar el libro, o leerlo hasta el fin sin detenerse. Conocedor de que son innumerables los aburridos lectores que se deciden por la confortable primera solución, Borges no nos aturde adelantándonos el primer golpe. Es más elegante o más cauto. Como Swift, que en los *Viajes de Gulliver* principia contándonos con inocencia que este es apenas tercer hijo de un inofensivo pequeño hacendado, para introducirnos a las maravillas de «Tlön» Borges prefiere instalarse en una quinta de Ramos Mejía, acompañado de un amigo, tan real, que ante la vista de un inquietante espejo se le ocurre «recordar» algo como esto: «Los espejos y la cópula son abominables porque multiplican el número de los hombres». Sabemos que este amigo, Adolfo Bioy Casares, existe; que es un ser de carne y hueso, que escribe asimismo fantasías; pero si así no fuera, la sola atribución de esta frase justificaría su existencia. En las horrorosas alegorías realistas de Kafka se parte de un hecho absurdo o imposible para relatar en seguida todos los efectos y consecuencias de este hecho con lógica sosegada, con un realismo difícil de aceptar sin la buena fe o sin la credulidad previa del lector; pero siempre tiene uno la convicción de que se trata de un puro símbolo, de algo necesariamente imaginado. Cuando se lee, en cambio, «Tlön, Uqbar, Orbis Tertius», de Borges, lo más natural es pensar que se está ante un simple y hasta fatigoso ensayo científico tendiente a demostrar, sin mayor énfasis, la existencia de un planeta desconocido. Muchos lo seguirán creyendo durante toda su vida. Algunos tendrán sus sospechas y repetirán con ingenuidad lo que aquel obispo de que nos habla Rex Warner, el cual, refiriéndose a los hechos que se relatan en los *Viajes de Gulliver,* declaró valerosamente que por su parte estaba convencido de que todo aquello no era más que una sarta de mentiras. Un amigo mío llegó a desorientarse en tal forma con *El jardín de senderos que se bifurcan,* que me confesó que lo que más lo seducía de «La biblioteca de Babel», incluido allí, era el rasgo de ingenio que significaba el epígrafe, tomado de la *Anatomía de la melancolía,* libro según él a todas luces apócrifo. Cuando le mostré el volumen de Burton y creí probarle que lo inventado era lo demás, optó desde ese momento por creerlo todo, o nada en absoluto, no recuerdo. A lograr este efecto de autenticidad contribuye en Borges la inclusión en el relato de personajes reales como Alfonso Reyes, de presumible realidad como George Berkeley, de lugares sabidos y familiares, de obras menos al alcance de la mano pero cuya existencia no es del todo improbable, como la *Enciclopedia Británica,* a la que se puede atribuir cualquier cosa; el estilo reposado y periodístico a la manera de De Foe; la constante firmeza en la adjetivación, ya que son incontables las personas a quienes nada convence más que un buen adjetivo en el lugar preciso.

Y por último, el gran problema: la tentación de imitarlo era casi irresistible; imitarlo, inútil. Cualquiera puede permitirse imitar impunemente a Conrad, a Greene, a Durrell; no a Joyce, no a Borges. Resulta demasiado fácil y demasiado evidente.

El encuentro con Borges no sucede nunca sin consecuencias. He aquí algunas de las cosas que pueden ocurrir, entre benéficas y maléficas.

1. Pasar a su lado sin darse cuenta (maléfica).
2. Pasar a su lado, regresarse y seguirlo durante un buen trecho para ver qué hace (benéfica).
3. Pasar a su lado, regresarse y seguirlo para siempre (maléfica).

4. Descubrir que uno es tonto y que hasta ese momento no se le había ocurrido una idea que más o menos valiera la pena (benéfica).

5. Descubrir que uno es inteligente, puesto que le gusta Borges (benéfica).

6. Deslumbrarse con la fábula de Aquiles y la Tortuga y creer que por ahí va la cosa (maléfica).

7. Descubrir el infinito y la eternidad (benéfica).

8. Preocuparse por el infinito y la eternidad (benéfica).

9. Creer en el infinito y la eternidad (maléfica).

10. Dejar de escribir (benéfica).

Francisco Cervantes
(México)

Desencuentros con el poeta Francisco Cervantes durante más o menos diez días en que ambos luchamos con entusiasmo para entregarnos-no entregarnos nuestros libros recientemente publicados y prometidos, hasta que llega el momento, hoy, en que pierdo o gano yo, pues me lo encuentro casualmente en el periódico, o saliendo del periódico, él sin su libro y yo sin el mío. Hay reclamaciones, explicaciones, disculpas y, por supuesto, las consabidas acusaciones a la ciudad. Como siempre que esto llega en calidad de excusa, yo recuerdo por lo bajo la sátira de Juvenal sobre los inconvenientes de la vida en Roma hace dos milenios, y la imitación de la misma que en el siglo XVIII inglés hizo el doctor Samuel Johnson, su famoso *London;* solo que ahora me viene también a la memoria y se acumula en ella la lectura reciente en labios de Fernando Benítez de un poema, imitación a su vez de Juvenal, de José Emilio Pacheco, que entre otras cosas dice:

No tendríamos la *Eneida* sin la casa de campo
y los esclavos de Virgilio. ¡Cómo pretendes
que escriba bien el pobre Rubrenus Lapa
si ya no puede
comprar al menos una tablilla de cera?
¿Qué cosecha recoges de tu trabajo,
del aceite quemado
noche tras noche
y de los miles de papiros en vano?
Con todo su saber y su gran estilo
¿ganó Horacio en su vida entera
lo que gana en media hora el procónsul Caco Nepote?

De pronto vuelvo en mí y en esta ocasión no dejo escapar al poeta Cervantes, lo traigo casi a la fuerza a mi casa, bebemos algo, hablamos de Fernando Pessoa y de poesía porque cualquier otro tema lo irrita, y en un descuido le doy mi libro.

Fernando Sampietro
(México)

Un amigo me lo cuenta, y hoy veo en una esquela en el periódico, dos días después, que murió Fernando Sampietro. Era muy joven y tenía un gran talento para muchas cosas. Para la pintura: cierta vez me mostró unas vacas que acababa de pintar, y eran unas vacas todas llenas de vida, de colores firmes y contornos precisos y siempre de perfil como deben estar las vacas para serlo plenamente en un cuadro. Creo que yo le dije eso y él me miró con su mirada entre cándida y maliciosa, siempre acompañada de una vaga sonrisa difícil de descifrar.

Vicente Rojo nos presentó hace unos ocho años, cuando Sampietro deseaba pedirme permiso para hacer una película de dibujos animados con cinco fábulas mías, película que realizó y que a su tiempo pasó por la televisión y concursó en Francia, y de la cual me obsequió una copia que guardo con afecto y emoción, entre otras cosas porque en ella aparece también una vaca, la Vaca que invocaba la Constitución y los Derechos Humanos para evitar que el León se la comiera, y el León se la come porque las vacas son inocentes y los leones también, pero comen vacas.

Años después Sampietro llegó un día a mi casa y me dijo quiero publicar este cuento, solo que no era un cuento sino un poema largo, largo como de cuarenta cuartillas y lo leí todo ahí mismo y en ese momento; se titulaba *Marilyn Monroe y yo.* En él Sampietro narra en versos muy modernos y libres sus amores con Marilyn, y sus paseos con ella en el lago de Chapultepec.

«Bueno, Sampietro —le dije—, esto parece o para usted es un cuento, pero en realidad es un poema, y creo que debe publicarlo tal como está, sin cambiarle una palabra ni una coma ni nada»; cosa que hizo, y el libro apareció con su título original y yo sigo creyendo que es muy bello, con la candorosa Marilyn en la portada; pero la crítica no le prestó la menor atención, tal vez porque Sampietro no figuraba en su lista registrada y oficial de poetas. Sin embargo, la última vez que lo vi, Sampietro me dijo con su sonrisa de siempre que sí, que había aparecido una nota en un periódico, y entonces lo cité para vernos en diciembre, en una fiesta en la que se cantaría música electrónica y en la que a media noche doce niños de pureza indudable (si encontrábamos tales niños por Coyoacán o San Ángel) lanzarían desde el techo, a falta de vacas voladoras como las de Chagall, doce gallinas vivas que caerían lo más lentamente que pudieran sobre los invitados. La idea le gustó y anotó la fecha y la hora; pero el proyecto se pospuso y yo ya no pude decírselo.

Juan Rulfo
(México)

Comida con Juan Rulfo en casa de Vicente y Alba Rojo. Preocupaciones de Juan, problemas que lo agobian a estas alturas en que debería tener todo resuelto. Acostumbrado a tratar con fantasmas, los seres de la vida real son para él menos manejables que los que tan admirablemente ha puesto en su lugar en la ficción, y a través de la ficción en la mente de tantos lectores suyos en el mundo, que por su parte han hecho de él una fantasía, un ser inasible y lejano en un México igualmente remoto. Pero la realidad es más dura; en ella las puertas no se atraviesan a voluntad sin abrirlas y, cuando se abren, los problemas están allí, irrespetuosos, indiferentes a la fama y el prestigio literarios. ¿Cómo es Juan Rulfo?, me preguntan a veces esos lectores suyos lejanos, y yo trato de describirlo como el ser humano más natural que he conocido siempre; pero ellos se empeñan en no creerlo y entonces prefiero hablar de su obra o contar alguna anécdota a fin de calmarlos, ya que no de convencerlos.

En abril de 1980 María Esther Ibarra me hizo las siguientes preguntas para un semanario mexicano: «¿Qué revela la obra de Juan Rulfo y cómo debe ubicarse, un cuarto de siglo después de su creación? ¿Qué influencias han ejercido *El llano en llamas* y *Pedro Páramo* en la producción de los escritores de habla española?». Mi respuesta:

No creo que en cuanto a mí pueda hablarse de influencia de libro a libro. Es obvio que lo que Rulfo escribe es muy diferente de lo que yo hago. Pero sí puede hablarse de influencia en muchos otros órdenes o, tal vez mejor, de coincidencias con respecto a la apreciación de la literatura, del oficio. La mesura de Rulfo, que *debería* ser una influencia general, la falta de prisa de sus primeros años y su reacia negativa posterior a publicar libros que no considera a su propia altura, son un gesto heroico de quien, en un mundo ávido de sus obras, se respeta a sí mismo y respeta, y quizá teme, a los demás. Hasta donde pude, traté de recibir su influencia y de imitarlo en esto. Pero la carne es débil.

Rulfo es un caso único. Se puede detectar una escuela o una corriente kafkiana o borgiana; pero no la rulfiana, porque no tiene imitadores buenos. Supongo que estos no han comprendido muy bien en dónde reside el valor de su maestro. ¿Cómo imitar algo tan sutil y evasivo sin caer en la burda repetición del lenguaje o las situaciones que presentan *El llano en llamas* o *Pedro Páramo*? Los imitadores no constituyen necesariamente una escuela.

Pero volviendo al propio Rulfo, una de sus grandes hazañas consiste en haber demostrado hace veinticinco años que en México aún se podía escribir sobre los campesinos. Entonces se pensaba con razón que este era un tema demasiado exprimido y, al mismo tiempo, que el objetivo del escritor debía ser la ciudad, la gente de la ciudad y sus problemas. O Joyce o nada. O Kafka o nada. O Borges o nada. Cuando todos estábamos efectivamente a punto de olvidar que la literatura no se hace con asfalto o con terrones sino con seres humanos, Rulfo resistió la tentación del rascacielos y se puso tercamente (tercamente es la palabra, me consta) a escribir sobre fantasmas del campo.

En ese tiempo se creyó equivocadamente que Rulfo era realista cuando en realidad era fantástico. En un momento dado Kafka y Rulfo se estrechaban la mano sin que nosotros, perdidos en otros laberintos, nos diéramos cuenta. Ni nosotros ni nuestra buena crítica, que creía que lo fantástico se hallaba únicamente en las vueltas de tuerca de Henry James. Pero los fantasmas de Juan Rulfo están vivos siendo fantasmas y, algo más asombroso aún, sus hombres están vivos siendo hombres. ¿Cómo puede haber escuelas rulfianas a la altura de Rulfo?

Carlos Illescas
(Guatemala)

Nuestro idioma parece ser particularmente propicio para los juegos de palabras. Todos nos hemos divertido con los de Villamediana (diamantes que fueron antes / de amantes de su mujer); con los más recatados, si bien más insulsos (di, Ana, ¿eres Diana?), de Gracián, quien, hay que reconocerlo, escribió un tratado bastante divertido, la *Agudeza y arte de ingenio,* para justificar esa su irresistible manía; con los de Calderón de la Barca (apenas llega cuando llega a penas); etcétera. Es curioso que sea difícil recordar alguno de Cervantes. Muchos años después Arniches (imagínate, mencionarlo al lado de estos) llega a la cumbre. Como es natural, nosotros heredamos de los españoles este vicio que, entre los escritores y poetas o meros intelectuales, se convierte en una verdadera plaga. Hay los que suponen que entre más juegos de palabras intercalen en una conversación (principalmente si esta es seria) los tendrán por más ingeniosos, y no desperdician oportunidad de mostrar sus dotes en este terreno. Es dificilísimo sacar a un maniático de estos de su error. Personaje digno de La Bruyère, no hay quien no lo conozca. A dondequiera que vaya es recibido con auténtico horror por el miedo que se tiene a sus agudezas, que solo él celebra o que los demás le festejan de vez en cuando para ver si se calma. ¿Lo visualizas y te ríes? Pues tú también tendrías que releer un poco tu Horacio.

Son más raros los que llevan sus hallazgos a lo que escriben, aunque, por supuesto, mucho más soportables. Shakespeare aterra con sus juegos de palabras a los traductores (su merecido, por traidores), quienes no tienen más remedio que recurrir a las notas a pie de página para explicar que tal cosa significa también otra y que ahí estaba el chiste. Proust, tú sabes, los dosifica majestuosamente. En las traducciones de Proust las notas casi desaparecen: cuando habla de las preciosas radicales no se necesita ser muy listo para darse cuenta de que está aludiendo a las preciosas ridículas de Molière. Joyce lleva las cosas a extremos demoniacos, por lo cual no se traduce *Finnegan's Wake*. Entre nosotros, recuerdo, han sido buenos para esto Rubén Darío:

Kants y Nietzches y Schopenhauers
Ebrios de cerveza y azur
Iban, gracias al *calembour,*
A tomarse su *chop* en Auer's.

Y más cerca aún, Xavier Villaurrutia:

> Y mi voz que madura
> y mi bosque madura
> y mi voz quemadura
> y mi voz quema dura.

Pero lo anterior no tiene casi nada que ver con que Onís sea asesino, o que amen a Panamá, o con que seamos seres sosos, Ada.

Ahora te lo explico. La otra noche me encontré al señor Onís, hijo del señor Onís, en una reunión de intelectuales. En cuanto me lo presentaron le dije viéndolo fijamente a los ojos: ¡Onís es asesino! Cuando noté que, aterrado, estaba a punto de decirme que sí, de confesarme algo horrible, me apresuré a explicarle que se trataba de un simple palíndroma. Qué gusto sentí al notar que el alma le volvía al cuerpo. Recuerda que palíndromas son esa palabras o frases que pueden leerse igual de izquierda a derecha que de derecha a izquierda, según declara valientemente la Academia de la Lengua, aunque llamándolas palíndromos, como si no fuera mejor del otro modo. Los vimos en la escuela: ANILINA. DÁBALE ARROZ A LA ZORRA EL ABAD. ANITA LAVA LA TINA, etcétera.

Y es aquí donde los asesinos de salón que hacen juegos de palabras para acabar con las conversaciones se encontrarían con una verdadera dificultad. Pruébenlo. Hace ya varios años nos entregábamos a este inocente

juego (lo más que requiere es un poco de silencio y mi-
rar de cuando en cuando al techo con un papel y un lápiz en la mano) un grupo de ociosos del tipo de Juan
José Arreola, Carlos Illescas, Ernesto Mejía Sánchez,
Enrique Alatorre, Rubén Bonifaz Nuño, algún otro y
yo. Durante tardes enteras o noches a la mitad tomá-
bamos nuestros papelitos, trabajábamos silenciosos y
allá cada vez nos comunicábamos con júbilo nuestros
hallazgos.

Estas cuatro o cinco cuartillas quieren ser un homenaje y un reconocimiento al talento (entre otros) para
el palíndroma de Carlos Illescas, positivo monstruo de
este deporte, quien de pronto levantaba la mano, pedía
silencio y decía, como hablando de otra cosa: Aman a
Panamá, o Amo la paloma, o sea AMAN A PANAMÁ O AMO
LA PALOMA por cualquier lado que los mires o quieras
amarlos; mientras nosotros, yo por lo menos, nos deba-
tíamos repitiendo ROMA AMOR ROMA AMOR, para que él
nos saliera al rato con algo tan humillante como esto:
ADELA, DIONISO: NO TAL PLATÓN, O SI NO, ID A LEDA, lo que
acababa de sumirnos en la desesperación y la impotencia.

Posteriormente leímos los famosos que el gran mago
Julio Cortázar trae en «Lejana», de *Bestiario*:

> Salta Lenin el atlas
> Amigo, no gima
> Átale, demoniaco Caín, o me delata
> Anás usó tu auto, Susana.

Y recordábamos uno muy pobre o muy tímido de Joyce o que Joyce usó:

Madam, I'm Adam

y alguno que otro del idioma inglés (no muy bueno para esto, según entiendo):

A man, a plan, a canal: Panama.

Más tarde Bonifaz Nuño aportó la declaración antisinestésica:

Odio la luz azul al oído

y Enrique Alatorre el existencialista:

¡Río, sé saeta! Sal, Sartre, el leer tras las ateas es oír;

y Arreola:

Etna da luz azul a Dante;

en tanto que Illescas, como diligente araña, sacaba sus hilitos de tejer y destejer:

Somos laicos, Adán; nada social somos;

o el admonitorio

Damas, oíd: a Dios amad;

o el acusatorio

Onís es asesino;

o el preventivo y definitivo y ahora en plan de suave
melodía de égloga virgiliana:

Si no da amor alas, sal a Roma, Adonis.

Después venían otros suyos sumamente extraños, ya
dentro de la embriaguez en que se pierden los sentidos
(que es la buena) y África y Grecia se abrazan en misterioso contubernio, como

Acata, sale, salta, acude, saeta afromorfa;
ateas educa, Atlas, el as ataca

o lo que él llamaba palindroma de palindromas:

Somos seres sosos, Ada; sosos seres somos,

en el que cada palabra es también palíndroma; o el palíndroma *ad infinitum:*

O sale el as o... el as sale...o sale el as... o;

o, por fin, el palíndroma político, en el que alguien pregunta: «¿Qué es la OIT (Organización Internacional del Trabajo)?», y se le responde:

Tío Sam más OIT,

para rematar con algo que ya no le creíamos porque somos naturalmente desmemoriados y eso de Evemón se nos hacía sospechoso:

¿No me ve, o es ido Odiseo, Evemón?,

y nos tenía que explicar que Evemón no era otro que Tésalo (ah, así sí), padre de Eurípilo (claro), como fácilmente se podía ver en *Ilíada* II, 736; V, 79; VII, 167; VIII, 265; y XI, 575.

Ahora yo tengo que confesar que jamás pude ni he podido posteriormente hacer o encontrar un solo palíndroma que vaya más allá de los ya dados por la madre naturaleza: oro, ara, ama, eme, etcétera, excepto uno que me costó horas de esfuerzo pero tan escatológico, para vergüenza mía, que me apresuro a ponerlo aquí: ¡Acá, caca! Sospecho que Mejía Sánchez tampoco, pues finalmente, cuando empezamos, por incapacidad manifiesta a buscar un nuevo género, o sea los falsos palindromas (ejemplo: Don Odón, que suena pero no es), salió con uno falsísimo pero que a todos en un momento dado nos pareció auténtico, pues en esos días se hablaba del Premio Nobel para Alfonso Reyes:

Alfonso no ve el Nobel famoso,

que no se lee de atrás para adelante ni de broma; en tanto que Illescas, algo cansado de su facilidad, aceptaba con entusiasmo mi modesta proposición de estructurar una larga frase en español que, leída de derecha a izquierda, dijera lo mismo, pero en inglés, o en el idioma que en ese momento le pareciera mejor, o más difícil.

Carlos Martínez Rivas
(Nicaragua)

Managua, hace unos días. Encuentros muy breves con Carlos Martínez Rivas (la intensidad de cuya poesía me es imposible medir o expresar). Se empeña en no publicar nuevos libros después de *La insurrección solitaria,* su único libro formal, publicado por primera vez en 1953, y en el que recoge su anterior *El paraíso recobrado,* de sus veinte años, ni siquiera ahora que obtuvo, hace dos, el Premio Rubén Darío. Como Rulfo, piensa que lo ya publicado es suficiente, y cuando le hablo de esto me dice: «¿Para qué? Si mi libro anterior tiene todavía algo que roer que siga siendo roído como un hueso hasta que no le quede nada».

Como pienso que todavía le queda y que siempre le quedará mucho, no insisto, y pasamos a otra cosa.

Ernesto Sábato
(Argentina)

Hace unos días llegó a Barcelona Ernesto Sábato, el responsable más visible del *Informe* que lleva inexorablemente su nombre, en el que se recoge la relación de los millares de asesinatos, torturas y desapariciones ocurridos en los últimos años en su país, la Argentina.

La otra tarde lo escuché en la Academia de Buenas Letras, en un coloquio titulado «Futuros de la modernidad», organizado por la Universidad Internacional Menéndez Pelayo. Junto a él, con él o contra él, según cada momento del debate, los filósofos E. Lledó, español, y R. Girard, francés. Los tres hablan de «lo sagrado», de «lo moderno», de la ciencia; Sábato de la magia y los sueños como parte imprescindible, irrenunciable del hombre, y el olvido de los cuales ha desencadenado la reacción de las Furias que hoy padecen su país y el mundo. A esto se opone Lledó, quien está con la Lógica y con Aristóteles en contra de lo mágico, lo nocturno y lo moderno; y el profesor Girard (distraídamente llama «profesor» a Sábato, con la rápida protesta de este) habla, con seguridad que da miedo, de sacralización y desacralización sin víctimas propiciatorias, tema que viene tratando desde hace tantos años que parece haberse convertido en algo tan consustancial suyo que cualquier intento de sacarlo de sus conclusiones está de antemano tan condenado al fracaso como parecería estarlo cualquier intento de convencer al profesor Lledó de que lo moderno, la modernidad, no son a estas alturas conceptos, o más bien cosas, que alguien trate de imponer, ni una moda, sino hechos que han rebasado ya la simple idea de la «vanguardia» propiciada por los artistas, para convertirse en algo que está ahí, aceptado o no por los poetas, los pintores o los filósofos.

Sábato es el más claro. Iba a añadir «y coherente», pero sin duda los otros son también coherentes por lo que se refiere a sus respectivas posiciones. Por momentos me gusta que Sábato mantenga la suya en contra, no de la ciencia, sino de su adoración, y que postule que el hombre podrá salvarse únicamente a través del arte, que conjunta saber y magia, lógica y sueños, razón y pasión: No obstante y, quizá contra mi propio deseo, mientras escucho todo eso no puedo apartar de mi mente la idea de la inutilidad de estos supuestos diálogos públicos, ni el viejo principio: el que habla, no sabe; el que sabe, no habla (y hago una concesión: por lo menos ante un auditorio). De salida, en el patio de la academia, Mario

Muchnik nos propone ir en busca de un lugar adecuado para tomar un refresco. Lo encontramos: Bar El Paraigua (Paso de la Enseñanza 2). Y ahí estamos, minutos después, Ernesto Sábato y Matilde, su mujer; Saúl Yurkievich y Gladys, su mujer; Mario y Nicole, su mujer, y B. y yo.

Consecuente con el final del penúltimo párrafo, decido guardar silencio. En esta mesa para ocho, busco la esquina más lejana y la consigo; y Sábato y Yurkievich y Muchnik, compatriotas entre sí, quedan cerca y pueden comunicarse más fácilmente. Y en privado aparece el Sábato de estos días, que en efecto, él mismo lo dice, ya es otro, otro del que aparecía en sus libros (el que yo conocía) antes del *Informe;* y el tema obligado: los interrogatorios, las torturas, las desapariciones, las muertes de más de nueve mil compatriotas suyos, a quienes ahora él, el escritor, «leyó», a quienes el escritor se vio abocado a escuchar durante meses en sus testimonios; y es doloroso observar cómo la tristeza se ha apoderado de él (el hombre de buen humor, famoso por sus anécdotas divertidas, enfrentado en esos días y para siempre a la otra cara de la naturaleza humana que vio y, prácticamente, vivió en esos relatos ya no solo de las víctimas sino incluso de los propios torturadores que se presentaron a declarar voluntariamente y que en estos momentos discurren por la calle, en apariencia ciudadanos tan normales como lo eran sus víctimas), ver cómo, al recordar (la noche siguiente, en casa de nuestro anfitrión Mario Muchnik) a algún amigo por el que se le preguntaba, la emoción lo vencía obligándolo a guardar silencio, y solo mediante un esfuerzo, que imagino muy grande, podía retomar la conversación, responder a la pregunta y volver a algo menos triste.

He conocido, pues, personalmente a Sábato (no en su tierra ni en la mía) a través del sufrimiento de nuestros pueblos; un Sábato completamente diferente del que pude tratar hace apenas unos meses. No hablamos de libros; hablamos de informes; no de novelas, poesía o ensayos, sino de informes y horror.

Tarcisio Herrera Zapién
(México)

Sesión especial de la Academia Mexicana de la Lengua para recibir como nuevo miembro a Tarcisio Herrera Zapién, a la que asisto con B. sabiendo de antemano que ahí saludaría a amigos cordiales, y deseoso de curiosear en ese mundo de honores y conocimientos tan lejos de mi posición de autodidacto, con poco latín y menos griego.

Discurso lleno de sabiduría literaria de Herrera Zapién: «Lengua y poetas romanos en Alfonso Reyes», en el que rastrea las opiniones de Alfonso Reyes sobre Horacio, más bien contrarias a favor de Virgilio (¿qué diría Pound?, me pregunto; a Herrera tampoco le parece bien, hasta donde yo entendí); respuesta de A. Gómez Robledo, con su enojo de hombre dolido, entre otras cosas, por la actitud de la Iglesia contra el latín.

Desde mi asiento de la fila dieciocho recuerdo que hace cuatro meses me tocó en suerte cenar, en casa de amigos comunes, en París, con el obispo (francés) de Bangui, capital de África Central, quien enfáticamente me dijo que la misa ahí se decía en francés, sí señor, sin aparentemente darse cuenta de que para los habitantes originales de aquel país ese idioma sería tan ajeno como el latín; y entonces por divertirme le recité entera la fábula de Fedro que comienza: *Vacca et capella et patiens ovis injuriae* como si yo supiera latín, que en realidad no sé, pero me gusta presumir con estas fábulas y con algunas odas de Horacio *(Solvitur acris hiems)* que aprendí de memoria en mi adolescencia precisamente en un descuartizadero de vacas en Guatemala, y cuando se decía que para saber bien el español había que estudiar latín, y yo con toda ingenuidad lo creía y lo sigo creyendo; y en todo esto pensaba cuando esta tarde, en la academia, veía en la mesa, al lado de José Luis Martínez, a don Octaviano Valdés, autor de *El prisma de Horacio,* uno de mis libros favoritos durante mis primeros días de exilio en México, a mediados de los cuarentas; y resultaba que ahora yo podía llamarme su amigo y así lo saludé al finalizar este acto que los periódicos no registran aturdidos por el ruido de las noticias importantes.

Julio Cortázar
(Argentina)

I

Recibo un recordatorio de la Editorial Nueva Nicaragua acerca del libro-homenaje que prepara con el título de *Queremos tanto a Julio,* dedicado a Julio Cortázar y con testimonios de muchos escritores amigos a quienes se les ha pedido lo mismo. He enviado solo media cuartilla, aduciendo que el afecto no es cosa de muchas explicaciones. Otra cosa sería —señalo en ella— si el libro llevara por título *Admiramos tanto a Julio* o algo así, caso en el cual el número de páginas de mi contribución sería muy alto.

Ya para mí ahora, recuerdo el alboroto que en los años sesenta armó su novela *Rayuela,* cuando las jóvenes inquietas de ese tiempo se identificaron con el principal personaje femenino, la desconcertante Maga, y comenzaron a imitarla y a bañarse lo menos posible y a no doblar por la parte de abajo los tubos de dentífrico, como símbolo de rebeldía y liberación; y luego los cuentos de Julio, que eran espléndidos y existían desde antes pero que gracias a *Rayuela* alcanzaron un público mucho mayor, y más tarde sus vueltas al día en ochenta mundos y, como si esto fuera poco, sus cronopios y sus famas; y uno observaba cómo, fascinados por las cosas que veían en estos seres de una nueva mitología que suponían al alcance de sus mentes, los políticos y hasta los economistas querían parecer cronopios y no solemnes, y lo único que lograban era parecer ridículos. De todo esto, y de sus hallazgos de estilo y del entusiasmo que despertó entre los escritores jóvenes, quienes a su vez se fueron con la finta y empezaron a escribir cuentos con mucho *jazz* y fiestas con mariguana y a creer que todo consistía en soltar las comas por aquí y por allá, sin advertir que detrás de la soltura y la aparente facilidad de la escritura de Cortázar había años de búsqueda y ejercicio literario, hasta llegar al hallazgo de esas apostasías julianas que provisionalmente llamaré contemporáneas mejor que modernas; y sus encuentros de algo con que creó un modo y –*hélas*– una moda Cortázar, con su inevitable cauda de imitadores. Los años han pasado y bastante de la moda también, pero lo real cortazariano permanece como una de las grandes contribuciones a la modernidad, ahora sí, la modernidad, de nuestra literatura. La modernidad, ese espejismo de dos caras que solo se hace realidad cuando ha quedado atrás y siendo antiguo permanece.

II

Leo el *Cuaderno de bitácora de «Rayuela»* de Ana María Barrenechea, en el que se reproduce el manuscrito del plan original de *Rayuela* que Julio Cortázar obsequió a Anita, investigadora y crítica argentina, y una de las primeras que se ocuparon (junto con Emma Susana Esperatti) de la literatura fantástica en Hispanoamérica. Pero el libro no es solo eso. Trae además un extenso estudio de crítica genética que me siento incapaz de resumir sin enredarme, por lo que prefiero copiar el primer párrafo de la introducción: Los pretextos de *Rayuela:*

Se ha dado la circunstancia de que Julio Cortázar me regaló el *Cuaderno de bitácora de «Rayuela»* (*log-book* como él mismo lo llamó en una ocasión). No es en realidad un verdadero borrador o sea una primera redacción de la historia novelesca. Es un conjunto heterogéneo de bosquejos de varias escenas, de dibujos, de planes de ordenación de los capítulos (como índices), de listas de personajes, algunos con acotaciones (predicados), que los definen, de propuestas de juegos con el lenguaje, de citas de otros autores (en parte para los capítulos prescindibles); rasgos positivos y negativos de los argentinos, meditaciones sobre el destino del hombre, la relación literatura-vida, lenguaje-experiencia, y aun fragmentos no muy extensos que parecen escritos «de un tirón» y que luego pasarán a la novela ampliados o con escasas modificaciones. En resumen el diario que registra el proceso de construcción de *Rayuela* con ciertas lagunas.

Es consolador y estimulante ver en la parte facsimilar del manuscrito los avances y retrocesos, las vacilaciones ante los temas, la caracterización de las personas, los adjetivos corregidos o suprimidos, los diagramas, las «rayuelas» con sus números. Y los supuestos pies de un jugador imaginario dibujados por el autor, los planos de edificios que después serán descritos, todo ese proceso que hace sufrir (según vayan las cosas) o gozar (según vayan las cosas) a los cuentistas, los novelistas o los poetas. Recuerdo ahora la edición facsimilar, y he ido por ella, de *The Waste Land* (Harcourt Brace Jovanovich, N. York, 1971). Con las correcciones y cambios de este que traduzco porque viene al caso:

> Entre más cosas conozcamos de Eliot, mejor. Agradezco que las cuartillas perdidas hayan sido desenterradas. El ocultamiento del manuscrito de *The Waste Land* (años de tiempo perdido, exasperantes para el autor) es puro Henry James. «El misterio del manuscrito desaparecido» está resuelto. Valerie Eliot ha hecho un trabajo erudito que le hubiera encantado a su esposo. Por esto y por su paciencia con mis intentos de elucidar mis propias notas al margen, y por la amabilidad que la distingue, le doy las Gracias, *Ezra Pound.*

T. S. Eliot. Julio Cortázar. Dos autores auténticamente modernos, en estas dos publicaciones de sus manuscritos que se llevan apenas algo más de una década y en las que se puede ver algo (nunca puede verse todo) de su forma de encarar eso que algunos llaman creación y que tal vez no sea sino un simple ordenamiento, su respeto, o su irrespeto, qué diablos, por la palabra escrita; o su humildad, finalmente, ante la inmensidad de un sí o de un no que a nadie le importa pero que al artista le importa; de un párrafo que se conserva o que se suprime, las enormes minucias que diría Chesterton y que el lector, ese último beneficiario o perdedor invisible, apenas sospecha.

III

Visita a la tumba de Julio Cortázar en el cementerio de Montparnasse.

Después del sinnúmero de veces que se lo habrán preguntado, el encargado de guardia sabe muy bien de quién se trata y nos indica el camino en el plano que los visitantes pueden estudiar en la pared, al lado de la puerta de entrada; y así, marchamos por la avenida principal en busca de la Allée Lenoir tratando de llegar a la 3.ª División, 2.ª Sección, 3 Norte, 17 Oeste; pero en este primer intento uno se pierde en el laberinto de pequeños mausoleos y tumbas y, después de breves homenajes ante las de Baudelaire y Sartre, vuelve a la oficina de la entrada en Edgar Quinet solo para confirmar que la información estaba bien pero que uno no había tomado la Allée Lenoir y regresa para ahora sí encontrar lo que busca; y ahí está, blanca, plana, dividida en dos partes iguales y con los nombres de Carol Dunlop arriba y Julio Cortázar abajo, más fechas.

Durante unos minutos recuerdo la última vez que vi a Carol, en Managua, mostrándonos sonriente sus fotografías de niños nicaragüenses; y a Cortázar aquí, en este departamento (4 rue Martel, C., 4.º derecha) que él habitó y en el que por azares dignos de su imaginación vivo yo ahora y escribo estas líneas, cuando con B. y Aurora Bernárdez, en diciembre de 1983, acabado de regresar de la Naciones Unidas en Nueva York, adonde había ido a dar una de sus últimas batallas en favor del régimen sandinista, hablamos de literatura, de traducciones, de poesía, particularmente del autor de *La ciudad sin Laura,* Francisco Luis Bernárdez («tan unidas están nuestras cabezas / y tan atados nuestros corazones»), hermano de Aurora a quien casi le digo de memoria todo el soneto que tanta influencia tuvo en nuestra generación de aprendices de escritor:

Si el mar que por el mundo se derrama
tuviera tanto amor como agua fría
se llamaría por amor María
y no tan solo mar como se llama;

y de Italo Calvino y de la vez que cenamos con este en esta ciudad en casa de Víctor Flores Olea hace tres años, y yo no hallaba de qué hablar con Calvino hasta que él, en las mismas, se animó por fin a decirme que conocía Guatemala y de ahí no pasamos, pues a mí se me hacía ridículo revelarle que yo conocía Italia.

Me despido en silencio y, otra vez sobre la alameda Lenoir y la avenida, regreso y cuento cincuenta y cinco pasos desde esta al lugar en que se halla la tumba, en un acto de signo absurdo pero así fue. De salida, el guardia nos hace adiós con un gesto de inteligencia y complicidad que significaba que era donde él decía.

Diez minutos después, sobre la avenida Montparnasse, en el arroyo, vemos a decenas, cientos, miles de hombres y mujeres sudorosos que también cuentan sus pasos: jóvenes y viejos, rubios, morenos, negros, vestidos de pantalón corto y camiseta y con números visibles sobre el pecho, que han pasado, pasan y vienen corriendo con los rostros angustiados de quien huye de algo o, me entero, van tras algo: el final de una carrera de maratón, final que para algunos está llegando antes de lo previsto. Por la noche, en la televisión, todo ese esfuerzo ocupa en la pantalla cinco segundos y veinte palabras casi un epitafio.

IV

Esos días en que B. y yo estuvimos en Managua se llenaron sin remedio del recuerdo, allí, de Julio Cortázar y su mujer Carol, Carol Dunlop, novelista (*Mélanie dans le miror,* por aparecer en México en la Editorial Nueva Imagen traducido por Fabienne Bradu) y fotógrafa.

Era lo normal. Allí, dos años antes habíamos recorrido las mismas calles, encontrado a los mismos amigos y discutido, o simplemente hablado, de los mismos problemas, lejanos o cercanos.

Y allí nos despedimos de Carol, sin saberlo para siempre, en casa de los Flakoll, admirando juntos las fotografías originales de lo que más tarde sería su libro *Llenos de niños los árboles* (con texto también suyo), que Cortázar nos mostró más tarde en su casa, en París, ya Carol muerta y Julio llamado a morir menos de dos meses después. Pero en esta presencia-ausencia había también la parte alegre, como esa tarde calurosa en que en la calle le dijimos, o B. le dijo: «Tío, cómpranos helado», y él nos lo compró con su caballerosidad, ceremoniosa a pesar de todo.

José Coronel Urtecho
(Nicaragua)

Managua. En casa de Juanita Bermúdez. Allí el legendario José Coronel Urtecho, fundador a los veintiún años, con Luis Alberto Cabrales, del movimiento literario Vanguardia, del que pasaron a formar parte los entonces jovencísimos Pablo Antonio Cuadra y Joaquín Pasos y del que deriva toda la grande y singular poesía nicaragüense de las últimas décadas, que había nacido con Rubén Darío y que, hasta el día de hoy, con Carlos Martínez Rivas, Ernesto Cardenal y Ernesto Mejía Sánchez (y ahora los más jóvenes, Luis Rocha, entre otros) sigue siendo sobresaliente en nuestro idioma; y hablamos, o mejor, le hablé de su libro *Rápido tránsito,* en el que da un largo paseo por los Estados Unidos, de San Francisco a Nueva York y Boston y alrededores, y por la literatura de ese país, con más conocimiento real y penetración que cualquier otro viajero contemporáneo de cualquier parte del mundo; recordando esto le digo: «Tú eres el único que puede hablar de Emerson y de Thoreau como si los conocieras de toda la vida y tomaras el sol con ellos».

Y quien nos oyera no podría imaginar que hablamos del país que hoy representa el más grande peligro para este otro que curiosamente es en la actualidad el depositario de la mejor tradición poética estadounidense, la de Whitman y Eliot y Pound y Williams, y resulta que en Nicaragua convergen, para su bien y para su mal, Emerson, Melville, Thoreau, Hawthorne y Whitman y el comodoro Vanderbilt con el filibustero William Walker, y cada quien escoge, allí y aquí entre nosotros, a los que le son más afines.

A los setenta y ocho años de edad José Coronel Urtecho (a quien trato de acorralar y llevar a un rincón) conserva el mismo entusiasmo de los veinte; y de los treinta y los cuarenta. Y la memoria. «Yo te conocí a ti —me dice— en la Alameda Central de México, en 1948, con Cardenal y Mejía Sánchez». Mi memoria no es muy buena, pero a mí tampoco se me había olvidado. Ahora vive en una finca llamada, creo, Las Brisas, en la región selvática del río San Juan, río clave en Centroamérica como el Mississippi en el Norte y el Paraná y el Amazonas en el Sur. Hablamos de ese río y del lago, que a mediados del siglo pasado, a falta de canal, le sirvieron al comodoro Cornelius Vanderbilt («Qué me importa a mí la ley. ¿Acaso no tengo el poder?», dijo una vez) para hacer pasar a los viajeros que impulsados por la Fiebre del Oro iban del este al oeste de los Estados Unidos, con lo que, según él mismo, hacía un millón de dólares al año, y de los que se derivaron todos los males que Emerson temía que su país derramara sobre sus vecinos y que, por lo menos, si uno no recuerda otros, se han derramado sobre esta Nicaragua, que en nuestros días todavía paga la audacia y el espíritu aventurero de aquellos héroes de película que aquí eran hombres y mujeres reales y a veces no se conformaban con el paso y querían quedarse con el país entero.

En ese río se ahogó también, recuerdo, un hermano del poeta guatemalteco José Batres Montúfar, por lo que este lo maldijo en dodecasílabos perfectos: «De fieras poblado, de selvas cubierto».

Raúl Renán
(México)

Leo con curiosidad y agrado, y releo abriendo el libro al azar, *La gramática fantástica,* que Raúl Renán, su autor, me había ofrecido y ahora me obsequia; cuentos, aforismos, poemas en que las palabras (y en especial la palabra palabra) son sorprendidas in fraganti y congeladas, pero también con frecuencia puestas en estado de ebullición, en sus propias connotaciones: a veces a simple vista; otras, recónditas; y siempre, en el trabajo de Renán, revelando su esencial poeticidad, si esta es la palabra. Y un aire de tristeza recorre este pequeño volumen bien pensado, bien concebido, bien hecho con ese material tan frágil y tan tenue que corre el riesgo de pasar por lo que aparenta ser y es y no es: un juego.

Luis Cardoza y Aragón
(Guatemala)

I

Conocí a Luis Cardoza y Aragón en la ciudad de México, en septiembre de 1944. Yo acababa de llegar de Guatemala en calidad de exiliado político. Mientras Cardoza vivía en México desde hacía varios años, tenía unos cuarenta y era ya una leyenda, yo venía de trasponer los veintiuno y había publicado apenas un cuento o dos, y unos pequeños trabajos que desde entonces trato sin éxito de olvidar.

De lejos, en Guatemala, sin tener ninguna relación personal con él, veíamos a Cardoza y Aragón como probablemente todavía se le ve allá, no solo como una cumbre literaria inaccesible, lo que ya era bastante, sino como un ser misterioso y de lucidez diabólica, capaz de aplastarlo a uno con una sola frase.

Entre nosotros, los escritores, pintores y músicos jóvenes de la llamada Generación del 40, pasaba de mano en mano y casi en forma clandestina un ejemplar de su libro *La nube y el reloj* sobre pintura mexicana, veíamos su nombre en las revistas *Romance* y *El hijo pródigo,* y algunos repetíamos poemas suyos que habíamos leído en la hoy también legendaria antología *Laurel,* discutida y polémica, en la que se encontraban incluidos muchos de los mejores poetas de nuestra lengua, desde Rubén Darío. Y todo esto había sido vivido y publicado por Cardoza y Aragón allí cerca y al mismo tiempo tan lejos: en México, en el mundo de la Revolución Mexicana y de Lázaro Cárdenas, nuestros ideales de revolución y de gobernante; en la ciudad de México, que era mejor que París, el París decadente y ocupado por los nazis.

Mi amigo y compañero Otto-Raúl González, quien me había precedido en el exilio después de que un sable del ejército ubiquista le abriera la frente durante una de las manifestaciones callejeras de junio de aquel año en que participamos juntos, arregló llevarme a ver a Cardoza y Aragón en un sitio escogido por este: la cantina El Puerto de Cádiz, cercana al lugar en que, con Fernando Benítez como director, contribuía a hacer el suplemento cultural del periódico *El Nacional.* O tal vez el periódico *El Nacional* estaba cercano al lugar en que lo hacían: la cantina El Puerto de Cádiz.

El hombre diabólico me habló afablemente. No sé qué habré dicho o hecho durante las horas en que bebimos, comimos y volvimos a beber sin interrupción allí. Estoy seguro de que la cerveza me ayudó a pasar el susto, y su efecto a olvidarlo todo posteriormente. Tampoco recuerdo otra sesión como aquella, ni que en los días siguientes las haya habido. Tal vez fue ése el momento de mayor confianza que en la vida se dio entre ambos y hasta hoy lo sé. Un mes más tarde Cardoza y Aragón se iba a Guatemala, al día siguiente del triunfo de nuestra Revolución de Octubre, por la que yo estaba en México y al servicio de la cual me quedé en México durante los siguientes nueve años.

Así, nuestra relación era prácticamente nula; pero él pronto se puso al trabajo y comenzó a publicar en Guatemala la mejor revista literaria que jamás se hubiera soñado allá, la *Revista de Guatemala,* con colaboraciones de escritores de dentro y de fuera, entre estas últimas las de nombres tan impresionantes como los de Luis Cernuda, Xavier Villaurrutia, Jorge Icaza, Octavio Paz, César Moro, Y las de algunos «nuevos» poetas y narradores mexicanos, como Alí Chumacero y José Revueltas.

Y todo iba bien y yo estaba tranquilo mientras a Cardoza y Aragón no se le ocurrió pedirme *a mí* una colaboración, lo que por supuesto yo no esperaba que fuera a suceder y me llenó de angustia. Cumplí lo mejor que pude. Pero desde ese momento, siendo yo medio encargado de la distribución de la revista en México, me convertí en una especie de saboteador de esta al escamotear a muchos de mis amigos, como el propio Chumacero y Ernesto Mejía Sánchez, los números en que venían colaboraciones mías, y que yo daba por perdidos por temor de que ellos las vieran. Confieso ahora esto, apenado.

Muchas cosas ocurrieron desde aquel septiembre de 1944; entre otras, diez años después, la caída y fin del gobierno democrático de Jacobo Arbenz. Pero durante los años de nuestra Revolución y después de ella, en Guatemala, en el servicio diplomático y en el exilio mexicano, Cardoza y Aragón dio y siguió dando su batalla, la de Guatemala y la suya propia, con la terquedad y la intransigencia del que lucha con su verdad y con sus mejores y temibles armas: su infalible agudeza, su arte y su convicción de que no hay más causa que la del pueblo, por la que despierta todos los días, y aun en su puro estado de sonámbulo.

Por mi parte, en 1953 salgo de México como diplomático, y en 1954 voy al exilio en Chile. Desde mi regreso a México en 1956 veo a Cardoza y Aragón con frecuencia; tal vez no tanta como yo hubiera querido; pero respeto su tranquilidad y su privacía y le dejo siempre la iniciativa. Para mí, aun teniéndolo al lado, sigue siendo su leyenda. Y no hay remedio: yo también sigo siendo el mismo.

II

En el siglo XX, Guatemala dio otros dos escritores de primera magnitud: Enrique Gómez Carrillo (a caballo entre el XIX y el XX) y Miguel Ángel Asturias.

En su tiempo, la obra de Gómez Carrillo significó en todo el ámbito de nuestro idioma escrito en prosa lo que la revolución de Rubén Darío en el verso. Ambos fueron grandes limpiadores de establos; ambos barrieron de nuestra lengua las telarañas del academicismo que los enemigos de toda lengua extranjera (olvidando los claros ejemplos de Garcilaso y de Cervantes por lo que hace al italiano) venían acumulando autocomplacidos en su lucha contra los galicismos mentales, como llamaban a cualquier forma de liberación. Y tanto peor, ¿cómo unos centroamericanos que escribían con plumas que se quitaban de la cabeza podía atreverse a tal cosa? Gómez Carrillo, como Darío, saqueó el francés, algo del inglés, y algo de lo que fuera en donde lo encontrara. E hipócritamente, reprochándoselo, los demás lo aprovechaban. Pero mientras que Darío, después de muerto, se liberó del aplauso y del juicio que le atrajo la intrascendencia de sus rimas de juventud, a Gómez Carrillo le han faltado críticos y lectores serios que borren su imagen de hombre superficial y de mero cronista del bulevar. Le falta, también, la devoción que sus compatriotas inteligentes terminaron, después de burlarse cómicamente de él, por dedicar a Darío. Con toda seguridad, Gómez Carrillo no es, ni con mucho, un genio de la magnitud de Darío, y aquí solo me estoy refiriendo a sus aportaciones a la modernización del idioma y su capacidad de transvasar a este lo ajeno y lo nuevo y valioso.

Miguel Ángel Asturias, en poco tiempo, pasa un tanto por lo mismo. No son pocos los que aún hoy, con su Premio Nobel en la bolsa y todo, y quizás hasta por culpa de ese mismo premio, siguen recordando al Miguel Ángel pintoresco y de barrio que conocieron en persona, dejando que sean los franceses, ingleses e italianos quienes se encarguen de estudiarlo. Y sin embargo, con todo su amor por lo francés, Asturias hizo lo contrario que Gómez Carrillo: dedicó tanta atención a lo indígena, quiso profundizar tanto en el alma de los primitivos habitantes de Guatemala, usó un lenguaje tan enraizado en la idiosincrasia de los indígenas, que hoy a las mismas clases medias guatemaltecas les resulta trabajoso leerlo y descifrarlo. En el abismo de estos extremos se debaten nuestros escritores y críticos jóvenes.

De ninguna manera voy a decir ahora que Luis Cardoza y Aragón haya resuelto este problema colocándose en la zona intermedia de lo universal y lo local, que su obra viene a ser una síntesis de estos opuestos, o cualquier vulgaridad por el estilo. Sucede, sencillamente, que su obra es un universo distinto, distinto y ciertamente más complejo y difícil de aprehender que el de uno y otro de aquellos compatriotas. Para empezar, los puntos de comparación simplemente no existen. En toda la obra de Cardoza y Aragón las formas usuales se van al diablo. No puedo imaginarlo escribiendo la crónica de un pequeño suceso, o una novela. Desde la primera página las desbordaría. Solo puedo verlo en el ámbito de la poesía, el verdaderamente suyo, que no tiene forma y es en él el espacio de la exigencia, la inconformidad y la revuelta. Y no obstante, contradicción por contradicción, uno de sus mejores libros es una crónica, *Guatemala: las líneas de su mano*; y si a eso vamos, *Pequeña sinfonía del Nuevo Mundo* es una novela, solo que de otra esfera, con Dante como protagonista en Nueva York.

Agonista alumbrado, deslumbrado y deslumbrante, Cardoza y Aragón se empeña, sin embargo, en venir de vez en cuando a este planeta para llevarnos de la mano a recorrer el suyo. ¿Pero adónde volver la vista en la obra de este poeta del vértigo sin encontrarnos en esas regiones suyas en que sus visiones se contradicen, se enlazan en brazos laocoontianos o chocan para producir chispas cuya claridad está hecha más bien para cegarnos, cuando tal vez solo íbamos en busca de un poco de luz, de esa luz opaca a que estamos acostumbrados?

Efectivamente, Cardoza y Aragón es otra cosa, una cosa aparte, y así hay que tomarlo. Quise antes situarlo en Guatemala porque ésa es su tierra, y de ahí viene, y a él le gusta venir de ahí; pero viene también del resto del mundo, en el que ha vivido Y al que ha hecho suyo con la misma exigencia de ciudadano del mundo que es.

En cuanto a esa exigencia, quien lea *El río. Novelas de caballería* encontrará que no exagero. No hay en este libro una sola página en la que la exigencia no sea casi un fin, y el punto de arranque y de llegada; en ocasiones implacable con los demás, siempre implacable consigo mismo; el mundo visto, leído, vivido y observado con lo mejor de su inteligencia, esa inteligencia suya de los sentidos abiertos a lo fugaz y a lo permanente, a lo que no se ve de puro visible, a la percepción de la tormenta en el vasto vaso de agua que es este mundo, más acá y más allá de esos mismos sentidos.

Quiero ver este libro de memorias y batallas de Cardoza y Aragón como una bola de fuego que ha venido creciendo con su larga experiencia de los hombres y de la vida, y cuyo centro está en todas partes y su circunferencia en ninguna. Me aturde el conocimiento de que en algún lugar de esa bola de fuego estoy yo, sin saber qué hacer, o pensar.

III

Luis Cardoza y Aragón es siempre motivo de homenaje, sea que publique un libro, cumpla años o simplemente diga algo, cualquier cosa, una broma (de las que hay que cuidarse) o la más seria de sus afirmaciones (de las que hay que cuidarse mucho más) sobre no importa qué, porque siempre importa lo que diga, haga o piense: en cualquiera de los tres casos lo que haga, diga o piense tendrá un significado más allá de las meras palabras, los actos gratuitos, o el pensar por el solo pensar.

Lo veo hoy como lo vi ayer: y otro y siempre el mismo, asombrosamente ágil en el uso de su inteligencia, profundo en la percepción de las cosas, seguro (cuando no implacable) en sus juicios de una línea: línea-verso, línea-dibujo, línea-política.

Pienso en cuantos lo quisieran flexible, condescendiente o manso, sin darse cuenta de que nunca va a ceder porque en ese momento dejaría de ser él, que no nació para las concesiones, ni para la preocupación por lo regular o lo mediano.

Luis alerta, Luis inquieto, Luis insomne: ayúdanos a no caer en la tentación de lo fácil, de la conformidad con lo establecido, del juicio viejo y caduco, del juicio nuevo e insolente, de lo sancionado por la costumbre, por el mandato de la autoridad o por la pereza.

Llego hoy a tu casa, como lo hice ayer, y hace años, y anteayer, y abres personalmente la puerta, sin sirvientes, sin ujieres, sin aparato, sin que te rodee nada que no sea tus gestos sencillos de señor; y dices pasa, pasen; y Lya aparece, y uno está seguro de que los próximos diez minutos, o durante las próximas tres horas, uno estará en un mundo sólido, firme y a la vez etéreo, en el que los hechos importantes y no importantes serán vistos al derecho y al revés, con seriedad y una sonrisa, como el que se encuentra con quien sabe que lo pasajero es eterno, las más grandes y solemnes verdades mentira, y la poesía, como dijiste perdurablemente, la única prueba concreta de la existencia del hombre.

Héctor Ortega
(México)

Cinco de la tarde. Viene a casa Héctor Ortega, quien durante estos últimos meses (primero en el pequeño teatro de Santa Catarina en Coyoacán y ahora en el Juan Ruiz de Alarcón del Centro Cultural Universitario), ha actuado con gran éxito el papel de «el loco» en la comedia del italiano Dario Fo, dirigido por José Luis Cruz.

Lo he visto actuar y he admirado su habilidad de actor de larga experiencia. Mi recuerdo más lejano de Ortega se remonta a su actuación, hará unos quince años, en *Rosencrantz y Guildenstern han muerto* de Tom Stoppard; pero conozco y muchos recordamos su trabajo en otras obras teatrales, y en el cine, con Alfonso Arau. Y ahora este Anarquista que viene a ser tal vez su mejor logro en el teatro y quizá su vuelta definitiva a él.

Trae una copia de su adaptación para el teatro de *El proceso* de Kafka, que se propone publicar en libro «aligerando algunos parlamentos». Por supuesto, hablamos durante más de dos horas del tema, de Kafka en calidad de humorista, y de lo que parece ser ya un tópico recurrente en esta casa: si es correcto cumplir la última voluntad del escritor que pide al amigo más íntimo quemar su obra cuando muera: Virgilio y Kafka en la vida real; Grisóstomo en la ficción. A propósito de esto recuerdo a Ortega el caso de Gogol triste quemando él mismo el manuscrito de *Las almas muertas,* con la oportuna (y ya clásica y por cierto bastante teatral) llegada del amigo para impedírselo en parte.

Me muestra fotografías de la puesta en escena de su adaptación, y copias de dibujos de fotos de la escenografía hecha por J. L. Cuevas, «que quedarían muy bien en el libro», me dice con entusiasmo y admiración por el trabajo de Cuevas, y yo estoy de acuerdo. Rememoramos las adaptaciones de Orson Welles al cine y de André Gide-Jean Louis Barrault al teatro, quienes trabajaron con la idea del Kafka (y no tenían por qué no hacerlo si así lo veían) trascendente y metafísico en que se le había convertido hace treinta o cuarenta años. Para terminar, y sin ningún pudor, le leo partes de la página de un libro mío de 1972 en el que yo señalaba el humorismo de Kafka y recordaba el testimonio de Max Brod acerca del regocijo con que su amigo íntimo, todavía no dispuesto a hacer quemar su obra, le leía capítulos de *El proceso.*

César Vallejo
(Perú)

Vuelta al cementerio Montparnasse, entre otras razones porque se halla a un costado del hotel L'Aiglon, en que ahora vivo.

Mañana fresca y clara.

Las familias riegan las flores recién traídas y limpias y arreglan las tumbas de sus deudos. B. y yo buscamos la de César Vallejo, en la que las flores resultarán ser tres diminutas macetas de plástico (de veras diminutas: unos cuatro centímetros de altura para dos o tres hojas pequeñísimas en cada una, dejadas aquí ¿hace una semana, un mes, por quién?) al pie.

Un guardia nos lleva allí contento.

—¿«Vallelló»? Sí; por aquí.

Y Vallejo, que casi nunca los tuvo, le produce diez alegres francos.

CÉSAR VALLEJO
Qui souhaita reposer
Dans ce cimetière

*J'ai tant neige
pour que tu dormes*
GEORGETTE

1892

1938

José Emilio Pacheco
(México)

José Emilio Pacheco me envía su *Poesía modernista. Una antología general* (SEP-UNAM, 1984). La fecha impresa en la portadilla dice 1982, lo mismo que en el colofón; pero siendo Pacheco el autor de la selección, el prólogo, las notas y la cronología, supongo que el número 4 que ha escrito a mano con tinta negra sobre el 2 de la fecha corrige todo, y que el 2 original es un error de imprenta. El libro, pues, aparece en 1984 fechado en 1982, y el lector común no sabrá nunca nada de esta diferencia de dos años entre una cosa y otra; y esto, que el día de hoy carece de importancia, puede tenerla más tarde, cuando los estudiosos futuros no solo se ocupen una vez más del fenómeno colectivo llamado modernismo sino también de la obra, y todo lo relacionado con ella, de este poeta ya no modernista sino moderno, que por supuesto no es la misma cosa, llamado José Emilio Pacheco.

De igual manera, y siguiendo este razonamiento, la presente antología habrá que verla no como una simple recopilación más de poemas hecha para divulgar a estos autores, de José Martí a Delmira Agustini, que declararon y en gran parte lograron nuestra independencia literaria (la independencia total no existe) del resto del mundo («Durante mucho tiempo —dice Pacheco en el prólogo– aceptamos la inferioridad asignada por los dominadores y dijimos que los modernistas "recibieron la influencia" de la literatura europea. Hoy vemos que se apropiaron de ella y la transformaron en algo diferente. Los materiales pueden llegar de fuera, el producto final es hispanoamericano»), sino también como dato personal de un escritor y poeta que a su tiempo requerirá su propio estudio y este tipo de claves: no necesariamente de posibles influencias sobre su obra sino de sus posiciones y actitudes respecto de nuestra gran herencia.

Desde 1958, cuando siendo él muy joven lo conocí en la redacción de la revista *Universidad de México* dirigida por Jaime García Terrés, siempre he admirado la decisión que Pacheco adoptó en la literatura; tiempos de formación y aprendizaje para todos.

Cuando vine a México trataba de aprender de los mayores: Bernardo de Balbuena, Juan Ruiz de Alarcón, los poetas de esta antología, Pedro Henríquez Ureña, Alfonso Reyes; pero en unos cuantos años comencé a aprender también de los más jóvenes, quienes vivían con más intensidad su propio presente (él no lo sabe, pero sin proponérselo Juan García Ponce me enseñó a leer a Henry Miller). En diciembre de 1960 José Emilio me obsequió un ejemplar de *The Unquiet Grave* de Cyrill Connolly, libro del que ya antes habíamos hablado, con la siguiente dedicatoria: *«You are very wise, very understanding and really very kindly. I wonder that you remain the critic. You can go beyond».* De entonces para acá, pronto hará veinticuatro años, he leído intrigado esta dedicatoria varias veces, y todavía lo hago pues era fácil ver que contenía un mensaje. Un joven poeta acucia con estas palabras, tomadas del libro de un escritor bastante improductivo a otro escritor prácticamente igual.

Un años antes, a los treinta y ocho años de edad, yo había publicado apenas mi primer libro, *Obras completas (y otros cuentos)*, y no parecía dar muestras de querer publicar otro. Supongo que para evitarme mayores problemas pronto llegué a la conclusión de que el mensaje podía estar en el primer párrafo del libro de Connolly (traduzco):

Entre más libros leemos, más pronto percibimos que la verdadera función de un escritor consiste en producir una obra maestra, y que ninguna otra tarea tiene importancia. Por obvio que esto debiera ser, ¡qué pocos escritores lo admitirían, o, habiéndolo admitido, estarán listos a hacer a un lado la pieza de iridiscente mediocridad en que se han embarcado! Los escritores siempre esperan que su próximo libro sea el mejor, pues no están dispuestos a reconocer que es su modo de vida actual lo que les impide crear algo diferente o mejor.

No sé si en el tiempo que siguió yo trataba de crear una obra maestra, pero quizá la dedicatoria de Pacheco y este párrafo hayan contribuido a que yo no publicara otro libro en los diez años siguientes.

Debo añadir que *«You are very wise»*, etcétera, está tomado a su vez de una carta de Henry Miller a Cyrill Connolly que este consideró útil reproducir en su libro.

Los modernistas —dice Pacheco en su prólogo, que, por cierto, en su brevedad condensa todo lo que pueda decirse con inteligencia de este movimiento— «tuvieron que ganarse la vida en el mercado». «Hasta libros capitales como *Prosas profanas* y *Lunario sentimental* se imprimieron en no más de 500 ejemplares». (Poseo un ejemplar de la primera edición de *Historia universal de la infamia* [Editorial Tor, Colección Megáfono, Buenos Aires] de Jorge Luis Borges, cuyo tiraje, cuarenta años después del libro de Darío y veintiséis después del de Lugones, es decir, en 1935, no alcanzo una cifra mayor).

Sí, en el mercado:

Del editor Gregorio Pueyo a Rubén Darío, diciembre de 1906:

Mirando el negocio bajo este prisma, y con el objeto de ahorrar tiempo y molestias, la oferta que puedo hacerle es la siguiente: Por una edición de *Azul* de mil ejemplares y otra de *Cantos de vida y esperanza*, yo abonaría, en conjunto, la cantidad de quinientas pesetas. Se entiende que la tirada de cada obra sería de mil ejemplares y que no podría usted contratar con nadie mientras no se agotaran las ediciones, o en mi poder quedaran más de cincuenta ejemplares.

Pacheco en su prólogo: «Por eso no se puede impugnar a quienes afirman que si lo que distingue al Modernismo es la voluntad de estilo, el empeño artístico, la idea ética y estética de que escribir bien es una forma de hacer el bien, su indiscutible fundador es Martí».

Qué cosa sea el bien nos lo puede explicar Sócrates y tal vez igualmente José Martí, que creía en él y lo practicaba y por *él* murió; pero ¿escribir bien?

Pensar y sentir, mezclados, ¿en qué dosis? ¿Debo escribir con verdad lo que sé o lo que siento? Personas que desean dedicarse a la literatura me preguntan eso. ¿Hoy, en el momento en que me está sucediendo, o mañana, en frío? Nadie lo sabe: mézclelo todo, póngase a trabajar y lo que salga será lo que salió, y que Dios lo bendiga, o la bendiga. No hay otra respuesta. Por otra parte, eso que termina por decirse está siempre por debajo de la voz interior. Creo que nadie en el mundo ha expresado esto mejor que el modernista mexicano Manuel Gutiérrez Nájera en su poema «Non omnis moriar»:

> Era triste, vulgar lo que cantaba
> Mas ¡qué canción tan bella la que oía!

Lizandro Chávez Alfaro
(Nicaragua)

a) Esta tarde, por pura casualidad, veo reunidos en casa a José Durand, Lizandro Chávez Alfaro, José Emilio Pacheco y Cristina Pacheco, su mujer.

Hacía cerca de dos años que no veía de cuerpo entero a Durand (1 m 90, que él exagera poniéndose de puntillas e inflando el pecho, contra mi 1 m 60. En 1955, en la Plaza Baquedano de Santiago de Chile, alguien nos tomó una fotografía, de pie uno al lado del otro, que yo hice publicar más tarde en México en el suplemento dominical de *Novedades* que dirigía Fernando Benítez, con una leyenda que decía: «Augusto Monterroso retratado al lado de un hombre de estatura normal». «¿Cómo puede hacerte eso Benítez?», me preguntaban mis amigos, incapaces de creer que yo lo había fraguado. Desde entonces, y gracias a otras autodenigraciones parecidas, la mayoría de los críticos, cuando se ocupan de un libro mío, comienzan por señalar que soy un escritor bajito, lo cual, una vez aclarado, les permite elogiar mi libro, mi estilo, y hasta mis ideas, sin peligro de que la gente los tome en serio). ¿Fue en Berkeley, aquí, en Lima, en donde lo vi la última vez? Mientras tanto publicó la nueva versión de su admirable *Ocaso de sirenas. Esplendor de manatíes,* que le ha dado fama.

Durand se sorprende cuando Chávez Alfaro, a quien no conocía, le cuenta que en Bluefields, Nicaragua, de donde él es originario, los manatíes no son únicamente cosa de la historia y la leyenda sino seres familiares, tan familiares que uno se los come, y puede verlos, y confirmar que, como observaron los cronistas del siglo XV en adelante, en efecto los pechos de las hembras son similares a los de la mujer. «De mujer joven», afirma Lizandro, con la esperanza de que esto aumente la credibilidad de su informe; y Durand, autoridad en el asunto, dice que sí, y añade una observación científica: «Como de sirena».

b) Historia de infamia

Chávez Alfaro, autor, entre otros libros, de la novela *Trágame tierra,* es hoy director de la Biblioteca Nacional de Nicaragua. Años atrás, poco después de la derrota de Somoza, lo encontré allí dirigiendo pacientemente, con un equipo de dos personas, la restauración de varios tomos sueltos de viejas enciclopedias inservibles, un volumen de la antigua *Anatomía* de Testut, «el Testut» que los estudiantes hispanoamericanos de medicina memorizaban en París a principios de siglo antes de convertirse en novelistas o poetas; números sueltos de la revista *Selecciones del Reader's Digest* y cosas por el estilo, única herencia de la familia Somoza a la cultura de su país.

Me aparté un momento y lloré.

Minutos después, un tanto repuesto, le aconsejé que reuniera allí a un buen abogado, un maestro de escuela, un médico, un ingeniero y un policía, que levantara un acta notarial con ellos en calidad de testigos, y que le prendiera fuego a todo; pero, como me sucede con frecuencia, Lizandro pensó que yo bromeaba y continuó su tarea redentora con una sonrisa y sin duda con la idea de que cualquier libro, cualquiera, en el estado en que esté, es un tesoro que hay que preservar. Al despedirme le recordé la escena de *César y Cleopatra* de Bernard Shaw en que Julio César, al ser informado de que la Biblioteca de Alejandría está ardiendo y con ella la historia de la humanidad, responde sin vacilar: «No importa: es una historia de infamia». Pero bueno, por algo Lizandro es el director de *esta* Biblioteca y varios editores mexicanos y españoles le envían, o han prometido enviarle para ella, tres ejemplares de cada libro que publiquen.

c) Este oficio y sus peligros

José Emilio Pacheco, que desea ver a Durand, aprovecha el viaje —literalmente: dos horas en coche de su casa a la mía— para obsequiarme un ejemplar de su nuevo libro *Aproximaciones* (Libros del Salmón, Editorial Penélope, México, 1984), que esta misma noche hojeo y comienzo a leer. Son 29 apartados con traducciones de poetas (o de conjuntos de poetas, caso de las poetisas del Japón, los trovadores franceses y los indios de Estados Unidos y Canadá) que abren con Goethe y terminan con Catorce Poemas Indígenas de Norteamérica; versiones del alemán, portugués, italiano, inglés y francés, que sé cuidadosas e imagino fieles. Están los famosos *Two English Poems* de Borges, nunca traducidos por este al español y que hay quien pueda imaginar escritos originalmente en nuestro idioma, aunque uno, metido en esto, sabe que se trataría de un autoengaño estúpido.

En la cuenta de la barbarie —escribe Pacheco refiriéndose a su trabajo— y la falta de respeto que coexisten en este libro con sus rasgos más culturales [me pregunto qué quiere decir esto si no es una errata] hay que poner la afrenta y osadía de traducir al castellano a un clásico de nuestra lengua. Valga como atenuante el hecho de que la tentativa se ha extendido a lo largo de casi veinticinco años.

En lo personal, creo que se trata de excesiva modestia y/o reverencia a quien después de todo conoce bien este oficio y sus peligros.

Con muestras de aflicción, Pacheco corrige erratas en mi mesa de comedor: pone «los juguetes ilustres» en lugar de «los jugueteos ilustres» que Borges no intentó, y añade con tinta azul al pie de esa misma página 87, este verso y versículo que la imprenta dejó caer: «Te ofrezco la amargura de un hombre que ha mirado largamente la luna solitaria», pues considerará muy triste que este ofrecimiento, viniendo de un poeta ciego, se pierda entre los jugueteos tipográficos. Me demoro en la lectura de la sección «Notas sobre los autores» que, más que eso, constituyen una mínima enciclopedia sobre la vida y la obra de estos poetas, de Omar Khayyam (1048-1131) a Acevedo Oliveira (1938-1981), el supuesto poeta brasileño que vivió exiliado en México de 1964 a 1966 y quien, habiendo «dedicado su existencia a los pobres, murió en Río de Janeiro al resistirse a un asalto callejero».

Juan Carlos Onetti
(Uruguay)

Si a uno le gustan las novelas, escribe novelas; si le gustan los cuentos, uno escribe cuentos. Como a mí me ocurre lo último, escribo cuentos. Pero no tantos: seis en nueve años, ocho en doce. Y así.

Los cuentos que uno escribe no pueden ser muchos. Existen tres, cuatro o cinco temas; algunos dicen que siete. Con ésos debe trabajarse.

Las páginas también tienen que ser solo unas cuantas, porque pocas cosas hay tan fáciles de echar a perder como un cuento. Diez líneas de exceso y el cuento se empobrece; tantas de menos y el cuento se vuelve una anécdota, y nada más odioso que las anécdotas demasiado visibles, escritas o conversadas.

La verdad es que nadie sabe cómo debe ser un cuento. El escritor que lo sabe es un mal cuentista, y al segundo cuento se le nota que sabe, y entonces todo suena falso y aburrido y fullero. Hay que ser muy sabio para no dejarse tentar por el saber y la seguridad.

Como Juan Carlos Onetti es sabio, sabe que no sabe y por eso sus cuentos son insondables y como seres vivos que hay que volver a ver una y otra vez, de principio a fin, y por en medio, y por las esquinas de las páginas y de los párrafos; y empezar de nuevo porque la vida y los cuentos son complicados, y un tiempo más tarde, seis años o una semana, el cuento ya es otro, y uno ya es otro, y entonces hay que recomenzar y darle vueltas, agitarlo antes de usarlo y dejar que las palabras vuelvan a asentarse para permitirles una vez más revelar su misterio, a medida que pasan al ojo, a lo que llamamos cerebro (palabra horrible) o, mejor, a lo que antes se decía sin ninguna vergüenza el corazón o el alma, adonde los cuentos de Onetti van indefectiblemente a dar, porque ése es su blanco secreto, y uno se va dando cuenta de eso y encuentra, con un gusto más bien melancólico, que eso es un cuento, y que por lo mismo los cuentos no pueden ser muchos porque el corazón no los resistiría, y si son de Onetti, menos. Y esto sí lo sabe Onetti y por eso no ha escrito tantos para dejarnos pasar sus novelas, en las cuales siempre es más fácil, por una razón o por otra, acostumbrarse con tiempo a las cosas, y sobrevivir.

Una mañana de 1967 Onetti llegó a mi casa en la ciudad de México. Lo más probable es que él lo olvidara. Yo lo acompañaría a la Universidad de México, en donde grababa un disco para una colección llamada

Voz Viva de América Latina. Llegó a mi casa un día, una mañana, en la ciudad de México.

En la pequeña sala, una hija mía de meses le llamó la atención. Onetti se acercó a ella. Inclinándose, extendió un brazo y le acarició con ternura la cabeza. En su cuento «Un sueño realizado» alguien acaricia también una cabeza en el final de la vida. De entonces para acá he estado cerca de Onetti, sin que él me viera, en varias ocasiones. El mejor recuerdo suyo que tengo es el de su mano en la cabeza de mi hija en el principio de la vida.

René Acuña
(Guatemala)

Todavía conservo (y uso) el primer diccionario español-inglés-inglés-español que compré en México (D. C. Divry, Inc., Publishers, New York, 1947) hace más de treinta y cinco años.

Es manual, sumamente manual, y humilde, en contra de lo que podría pensarse por su orgullosa pasta negra de algo parecido a piel, a estas alturas semidesprendida.

Me costó trabajo convertirlo en mi amigo, pero el tiempo se encargó de eso y ahora es tal vez uno de los últimos que me quedan. Cuando tengo insomnio y en la oscuridad dudo algunos minutos antes de encender la luz y ponerme a leer, sé que se encuentra ahí, al alcance de mi mano.

Está vivo. No es un mueble, como lo son el de la Academia, el *Random House* o el *The American Heritage,* con los que casi no tengo confianza y a los que quiero menos porque para verlos necesito ir a ellos y llamar a sus grandes puertas, como quien va de visita.

Divry's, en cambio, me sigue por toda la casa y es como un pequeño animal doméstico con el que hablara, con el que de hecho hablo a todas horas en dos idiomas, ninguno de los cuales termino de aprender. Hoy veo que hemos llegado a esta familiaridad gracias a que desde el principio quedaron establecidas las reglas del trato, como antiguamente se hacía al adquirir un esclavo: «El poseedor de este Diccionario —se me dijo de entrada— obtendrá los mejores resultados familiarizándose con su contenido y prestando especial atención al Prefacio, a la Clave de la Pronunciación y a los Elementos de Gramática Inglesa *(The owner of this handy dictionary will derive the greatest benefit from its use,* etcétera)». Próspero y Calibán, Calibán y Próspero; Robinson y Viernes, Viernes y Robinson.

Esta mañana, en la Universidad de México, René Acuña me obsequia un ejemplar enorme (834 páginas en formato mayor) del monumental *Thesaurus Verborum* (Vocabulario de la Lengua cakchiquel, v(el) Guatimalteca Nuevamente hecho y recopilado con summo estudio, trauajo y erudición por el Pe. F. Thomás Coto, Predicador y Padre de esta Provja. De el Ssmo. Nombre de Jesús de Guatemala. En que se contienen todos los modos y frases elegantes con que los Naturales la hablan, y d(e) q(ue) se pueden valer los ministros estudiosos para su mejor educación y Enseñanza), cuya publicación (por primera vez) preparó, con Introducción,

Notas, Apéndices e Índices suyos elaborados a lo largo de más de diez años.

Trabajo asombroso (hasta ahora desconocido por el público), el de Coto; ejemplar y admirable el de Acuña, y absolutamente encomiable la realización de la Universidad que, por su misma magnitud y excelencia, pasarán sin duda inadvertidos.

Como me siento incapaz de formular un juicio suficientemente ajustado al valor de esta publicación, de la obra en sí (miles de palabras, frases y citas de «autoridades» del español del siglo XVI con sus equivalentes cakchiqueles, de la misma familia quiché en que está escrito el *Popol Vuh*), me limito a copiar estos breves párrafos de la Introducción de Acuña (que aquí mismo le sugiero publicar aparte si no desea que la obra vuelva pronto al olvido del que la sacó), en la que cuenta la historia, entre otros, de Thomás Coto, la del libro, su decisión de publicarlo y el resultado final.

La idea de fundar un diccionario en la autoridad de los «clásicos» de la lengua, en realidad, no era nueva. Brotó como un fruto natural del Renacimiento, y ocasionó la aparición de las academias. En Florencia, la Academia della Crusca (1582) cuyo *Vocabulario,* atribuido a Antonio Francesco Grazzini (1503-1584), apareció por primera vez en 1612, pocos meses después que el *Tesoro* de Covarrubias. En Francia, la Académie Française (1629), cuyo *Dictionaire* vio la primera estampa en 1694. En la preparación, tanto del primero como del segundo diccionario, participaron varias personas ilustradas y sabias. Lo mismo puede decirse del primer *Diccionario de la lengua española* (1726). La magnitud de la empresa era tal que se juzgó excesivo confiarla a un solo hombre.

Sin embargo, tres extraordinarios sujetos se sintieron capaces de tomarla ellos solos sobre sus hombros: En España, Sebastián de Covarrubias (1611); en un pueblo indígena de Guatemala, fray Thomás de Coto (1656); en Inglaterra, grande en su soledad, Samuel Johnson (1709-1784), cuyo *A Dictionary of the English Language* apareció en 1755.

Covarrubias y Johnson gozan desde hace tiempo de merecido renombre en sus respectivas literaturas. La Universidad Nacional Autónoma de México se honra y hace justicia a Coto, publicando ahora esta obra que la incomprensión de su época condenó a la oscuridad, y la indigencia intelectual de la nuestra ha mantenido inédita.

La indigencia intelectual de la nuestra (temo ahora, pues en ninguna parte he visto comentado este libro, en cuyo colofón se lee que se acabó de imprimir el día 16 de noviembre de 1983) se ha apresurado ya a ignorarlo.

Viernes y Robinson, Próspero y Calibán, fray Thomás de Coto y el primer indígena cakchiquel que se encontró en Guatemala y le enseñó que *Vuh* significaba *Libro,* a cambio de aprender que *Libro* era *Vuh,* en un (supongo que debió de haberlo sido) divertido intercambio que aún no termina. Quizá también a Samuel Johnson le hubiera gustado saber, cien años más tarde, que *Book* y *Vuh* (se pronuncia Vuj) eran la misma cosa al otro lado del mundo.

Coto, Covarrubias y Johnson, lexicógrafos solitarios. En 1977 estuve en la pequeña habitación superior de la casa que Johnson habitó en Gough Square, Londres, y vi allí la mesa en que con la ayuda manual de seis asistentes un tanto muertos de hambre, cumplió su tarea en ocho años. Es famosa su respuesta cuando se le recordaba que la Academia Francesa, con cuarenta académicos, había tardado veinticinco años en terminar el suyo: «Vamos a ver —decía Johnson—, cuarenta veces cuarenta da mil seiscientos. Como tres a mil seiscientos; esa es la proporción entre un inglés y un francés».

Me pregunto cuál será algún día la proporción entre el todavía más solitario Thomás Coto (terminó el suyo, con su vida, en nueve años: de 1647 a 1656) y x de nosotros cuando aparezca el *Diccionario del Español de México* que prepara El Colegio de México, y en el que he tenido el honor de participar *in illo tempore*.

Adam Rubalcava
(México)

Veo en el periódico un artículo de Juan Cervera con la noticia de la muerte reciente del poeta Adam Rubalcava, quien fue mi amigo y a quien hace pocos años todavía encontré varias veces en el centro de esta ciudad de México, en la calle Madero; me pedía mi dirección y pocos días después me llegaba por correo alguno de sus pequeños y cuidados libros de poesía finísima.

Por el artículo de Cervera me entero de que Adam nació el 5 de mayo de 1892, de manera que murió a los noventa y dos años, si bien él había llegado ya al momento en que se presume de tener muchos más, como suele suceder con los que sobrepasan los ochenta, que incluso piensan que ya nunca se morirán.

Era un humanista y, por tanto, hombre de muy buen humor. Creo que había decidido tomar la vida como viniera, y se divertía editando sus libros, tomando fotografías de ciudades que amaba, como Puebla, hablando bien de la gente —lo que para algunos lo convertía en un ser algo extravagante— y jugando con las palabras, las que manejaba con una mezcla de amor, burla y respeto.

Gustaba del reconocimiento de unos cuantos, y en dos o tres ocasiones me mostró, ahí, en la calle, cartas de eminentes poetas españoles de su edad en que alababan sus delicadas composiciones. En esto era como un niño; ese reconocimiento de uno, o dos, entre millones de posibles lectores que jamás lo conocerían, lo hacía feliz.

Cuando leyó un ensayo mío sobre palindromas (él prefería el término «correcto» palíndromo) me dijo algunos de su cosecha, y un día me envió una lista de los que consideró más aptos suyos. Conservo su hoja mecanografiada y firmada en julio de 1968, encabezada así:

Surtido rico de palíndromos
dedicado a Carlos Illescas
y Augusto Monterroso
los hizo el niño Adam Rubalcava

Copio algunos

ACÁ SOLO TITO LO SACA [que durante un tiempo adopté como divisa en mi escudo de armas];
ADÁN NO CALLA CON NADA
ASÍ ME TRAE ARTEMISA

AMAR DESEA LOLA ESE DRAMA
A SU MAL NO CALLA CON LA MUSA

Por mi parte, durante un tiempo le comuniqué más de uno, de los que encontraba por aquí o por allá. Aunque tarde, le envío este:

ESOPE RESTE ICI ET SE REPOSE

Emilio Adolfo Westphalen
(Perú)

En los últimos tiempos he tenido mayor relación con el
Perú que con cualquier otro país hispanoamericano.
Curiosamente no tengo casi ninguna con Guatemala, sin
duda porque la mayoría de mis amigos han sido ase-
sinados por los sucesivos regímenes militares, o se han
salvado en el exilio y están en México, o se encuentran dis-
persos quién sabe en dónde. De Colombia me llega alguna noticia ocasional a través de Isaías Peña (*El tiempo*) o de mi hija María, que vive en Bogotá desde hace
catorce años con su madre, Milena Esguerra, colombia-
na; en cuanto a Gustavo Cobo Borda no he vuelto a recibir nada de él desde que se marchó a Buenos Aires,
e ignoro qué habrá ocurrido con la revista *Eco,* en la
que de vez en cuando aparecía mi nombre. Volviendo
al Perú, Francisco Igartua me manda semanalmente de

Lima su revista *Oiga,* por la que me entero de lo que allá sucede en materia de libros y en otras materias de las que quisiera no enterarme; Alfredo Bryce Echenique me envía sus noticias, «quizá vaya a México en septiembre», me dice como en un susurro; y José Durand escribe la amable nota introductoria a alguno de mis trabajos en *Oiga.*

Ahora me llegan dos libros del poeta Edgar O'Hara: *Trayectos para el hereje,* con prosas y poemas, y *La palabra y la eficacia. Acercamientos a la poesía joven,* que según su presentación «abre un nuevo camino para la comprensión del movimiento poético peruano durante la década del setenta» y se extiende a la poesía de Chile y la Argentina.

Conocí a O'Hara con Luis Rebaza y otros compañeros suyos de generación en Lima (en donde nació en 1954); de entonces para acá intercambiamos noticias, saludos y libros, y por su parte en cada carta incluye etiquetas de botellas de cerveza, en memoria quizás de las que compartimos algo ruidosamente en aquella ocasión; y esto y el recuerdo que guardo de mis escasos días allá, en 1981, reaviva en mí la idea de que en Lima, «la triste ciudad de los Reyes» la llama César Moro, con su tristeza y todo, o por ella, o contra ella, los poetas son más poetas que en otros sitios, y creen en sí mismos como tales (dicen «estoy escribiendo un poema sobre esto o aquello» con soltura que llenaría de espanto a un guatemalteco o a un mexicano) y en el valor de lo que hacen, y tengo la impresión de que, benditamente, la sociedad sigue rechazándolos, como corresponde: debe de ser horrible ser un poeta aceptado por la sociedad.

> La vie d'un poète est celle de tous.
> Il est inutile d'en définir les phases.
> G. de N.

> ... sé que amo la vida por la vida
> misma, por el olor de la vida.
> CÉSAR MORO

No se necesita ser muy listo para suponer que los dos primeros versos son de Gerard de Nerval; y los cuatro están como epígrafe del librito *Vida de Poeta (Algunas cartas de César Moro escritas en la ciudad de México entre 1943 y 1948)* que en número de doscientos ejemplares hizo publicar en Lisboa su amigo y traductor Emilio Adolfo Westphalen, a quien esas cartas fueron dirigidas.

«No sé por qué azar de viajes —dice Westphalen en una breve nota introductoria— y mudanzas quedó ese reducido testimonio de nuestra larga amistad», y agradece a Álvaro Mutis «su ayuda en la traducción»; salvo cuatro, todas las cartas fueron escritas en francés, idioma en el que Moro escribió la mayoría de los poemas con que se incorporó a la poesía surrealista francesa, en cuyas antologías está siempre (cfr. Benjamin Peret, *La poesía surrealista francesa,* Schwarz Editore, Milán, 1959, bilingüe francés-italiano).

En uno de esos años cuarentas Ninfa Santos me presentó a Moro aquí en México, en la librería en que Moro trabajaba en el Pasaje, como se llama entre las calles de Gante y Madero; pero a mí él, como cualquier otro personaje famoso, me daba (y sigue dándomelo, y por eso huyo de ellos, y ellos, cuando lo notan, deben de imaginar quién sabe qué cosas) tanto miedo que a causa de esa presentación jamás volví a entrar en esa librería, y supongo que a esta se refiere Moro cuando en la primera carta declara entre amargado e irónico: «Soy un empleado cien por ciento», con ese intencionado lenguaje de dependiente de tienda.

Por lo que he podido observar, los poetas —y los narradores peruanos en general— escriben siempre cosas tristes, y hay en ellos una especie de desolación hasta cuando tratan de lo que podría llamarse con lenguaje también de empleado «los aspectos amables de la vida». Yo no sé si esto ha sido siempre así, pero por lo que hace a nuestro tiempo, cuando converso con alguno de ellos aventuro la hipótesis de que habiendo sido César Vallejo tan desdichado, ningún escritor peruano actual se atreve a no serlo sin faltarle al respeto a su antecesor, el más grande; pero al oír esto solo sonríen un poco y suponen (como me ocurre en tantos otros casos y hablando de cualquier tema) que lo digo en broma. De todas maneras, es obvio que ninguna generalización tiene un valor absoluto.

Hace unos dos meses estuvo en México Emilio Adolfo Westphalen, a quien no veía desde hace unos seis años; pasaba por aquí, me parece, procedente de Lisboa, en donde cumplió una etapa más de su carrera diplomática, y se dirigía a Lima. Al acudir a una cita con él en casa, para no variar, de Ninfa Santos, llevé conmigo un ejemplar de su libro de poemas *Otra imagen deleznable* publicado aquí por el Fondo en 1980, y «se me hace duro —me dice al ver que se trataba de la edición que hizo retirar del mercado y cambiar por otra— dedicarte un ejemplar defectuoso», pero yo lo releo con la admiración de siempre; y en un poema dice: «Estoy escribiendo una carta / otra será escrita mañana/ mañana estarán ustedes muertos / la carta intacta la carta infame también está muerta», y el siguiente, titulado «César Moro», termina diciendo: «Aparte un hombre de metal llora de cara a una pared / visible únicamente al estallar cada lágrima», que me hace volver a las cartas de aquel hombre César Moro, ciertamente hosco y alejado mentalmente de sus funciones de empleado de librería, que en diciembre de 1944 termina así una de ellas:

Acaba de nacer un hijo de A. No lo conozco todavía pero tiene la obligación de ser bello, misterioso y potente. En el fondo, ¿no es acaso todo ello profundamente triste? ¿Cómo podría ser de otra manera para mí? No veo apenas en toda vida noble sino un fracaso profundo. El mío viene de tan lejos que data de antes de mi nacimiento. Te abrazo dejando así las cosas. Moro.

Moro volvió a Lima en 1949, en donde murió de tristeza y de leucemia en 1956. «Su hermoso libro de poemas en español *La tortuga ecuestre* —dice la *Antología de poesía surrealista francesa* (Ediciones Coma, México, 1981)— pasó durante algunos años por manos de varios editores argentinos que se negaron a publicarlo». Así es esto.

Gabriel Zaid
(México)

En el número 83 de la revista *Vuelta* Gabriel Zaid comenta el libro de Lilian Scheffler *Marinero que se fue a la mar* (Premiá Editora, México, 1982), recolección de juegos infantiles.

La autora —dice—, como es común, no parte de la excelencia alcanzada por sus antecesores (los Mendoza-Rodríguez, los Frenk-Alatorre), para avanzar a partir de ahí. [...] Paradójicamente, mientras la calidad universitaria retrocede, la poesía popular conserva su excelencia y hasta despliega una vitalidad sorprendente, como en este juego de sorteo recogido en Querétaro (1981):

> En un árbol de aguacate
> me encontré un jabón Colgate.
> —¿Te quieres bañar con él?
> —Nel.
> —Alza la capa y escápate tú.

A continuación, con la zaiduidad que lo caracteriza, Gabriel descompone de múltiples modos y encuentra las secretas virtudes de estos «versos de una rara perfección»; cita a López Velarde a propósito de la introducción de una máquina *de* Singer en un endecasílabo, y ofrece un poema actual, universitario, que deja anónimo «con permiso del autor»:

Cada vez que me sabes a Colgate,
pienso en las estrellas de cine
                                        pobrecitas,
con lo que me gusta el café.

Ahora bien, todo esto me plantea, y en cierta forma me resuelve un problema.

Hace muchos años, por 1947 o 1948, un escritor por esos días desdeñado en amores escribió, y me hizo llegar, unas curiosas coplas, o glosa, en que se queja de cómo su novia lo abandona seducida por el encanto de un locutor de radio, cómico, o lo que fuera; quien, con apenas el anuncio de un jabón o detergente que decía

ACE lavando
y usté descansando

había dado al traste con su hasta entonces firme relación amorosa y, de paso, con toda su refinada cultura literaria y musical.

Ese escritor, a quien por entonces yo no conocía personalmente, pero con el que comenzaba a tener cierta frecuentación digamos cultural, se llamaba Eduardo Torres, era universitario, vivía en San Blas, S. B., y yo no imaginaba que treinta años después yo daría a la imprenta su biografía con el nombre de *Lo demás es silencio,* ni mucho menos que por falta de sentido crítico, apreciación errónea o lo que hubiera sido de mi lado, habría de dejar sin incluir en el libro esta composición que, ahora lo veo, estaba ya formando parte de un corpus folclórico-culto, o, en este caso, folclórico-oculto; apreciación errónea que Gabriel Zaid plantea así:

> Quizá por una confusión entre la conciencia del yo que habla (de una experiencia amorosa) y la conciencia del autor, que se da cuenta del problema en que se mete (lingüístico: mezclar palabras extranjeras; poético: hablar de marcas comerciales conocidas; político: expresar una experiencia trasnacional cuidándose de mostrarse anti y por encima).

Recuerdo que Juan José Arreola disfrutaba mucho con la lectura de estos versos; pero o él no insistió lo suficiente para que yo los publicara, o un falso sentido ético me impidió a mí «traicionar» ya desde aquellos días a Eduardo Torres:

CANCIÓN

(Glosa)

ACE lavando,
tú descansando
y yo penando.

Gabriel Zaid (México)

Era la era
de primavera
y el amor era.
ACE lavando.

Tú me decías
todos los días
que me querías.
Tú descansando.

Recitabas Baudelaire
y leías Moliere
a más no poder.
Y yo penando.

Mas ganó el locutor
y esto sin duda por
que no hablaba de amor.
ACE lavando.

Me decías: no ven
el espíritu joven
del gran Beethoven.
Tú descansando.

Anunciando jabón
con torpe son
te robó el corazón.
Y yo penando.

Me decías: France es
El mejor francés
Desde los *Pensés.*
ACE lavando.

Te ganó la afición
la espumosa dicción
que anunciaba jabón.
Tú descansando.

Decías: en alemán
¿qué va a hacer Mann
ante Wassermann?
Y yo penando.

Preferiste
el burdo chiste:
con él te fuiste.
ACE lavando.

Dijiste: renuncio
ante el anuncio
a G. d'Annunzio.
Tú descansando.

Siempre decías: yo
Prefiero ante to-
do a Edgar A. Poe.
Y yo penando.

Pero en poesía
confundiste a Ligeia
con la lejía.

ACE lavando,
tú descansando,
a Dios rogando
y con el mazo dando.

¡Y yo, penando!

Francisco Zendejas
(México)

Murió anoche Francisco Zendejas, fundador del Premio Villaurrutia de literatura, que se ha mantenido durante los últimos treinta años. Fundó también el Premio Internacional Alfonso Reyes, otorgado, si no me equivoco y entre otros, a André Malraux, a Jorge Luis Borges, a Ernesto Mejía Sánchez, sin duda el más lógico y que más lo ha merecido; y revistas literarias, algunas probablemente más allá de las fuerzas de un solo hombre, por lo que resultaban de aparición incierta y finalmente desaparecían como un día habían surgido: *Prometeus, El Pan Duro.*

A mí me concedió el Premio Villaurrutia en 1975, no por uno de mis títulos originales sino por mi *Antología personal,* publicada ese año por el Fondo de Cultura Económica, y que a pedido de Hugo Latorre Cabal, quien dirigía la colección Archivo del Fondo, tampoco

preparé con lo que consideraba mejor mío, como podría pensarse (todo lo que he publicado en libro me parece lo mejor), sino con lo que se me ocurrió un tanto
al azar y de prisa porque el hoy ausente amigo Hugo
la deseaba antes de que yo partiera a Polonia en un
viaje que no sabíamos cuánto duraría. Por cierto que
de acuerdo con mi antigua manía le puse un prólogo
autodenigratorio que copiaré más abajo. Quizá Zendejas, como otros amigos, pensó que yo no publicaría
más ningún libro, y aprovechó la oportunidad para no
dejarme fuera de su lista de premiados.

No puedo decir que nuestra amistad haya sido estre-
cha, pero sí que Zendejas me distinguió siempre con
su trato cordial. Cuando cada tantos años aparecía un
libro mío lo ponía por las nubes, y es de los pocos críticos que casi me han hecho creer en su valor (de los
libros) y en su buena lectura (del crítico), gracias a que
siempre dio muestras de detectar mis coordenadas:
ideal de cualquier escritor inclinado a las referencias
más o menos ocultas.

Cuando vine a México en los cuarenta y lejanamente
lo traté, su encuentro no dejaba de inquietarme debido
a que nuestras posiciones políticas no coincidían del
todo; pero en las reuniones casuales que con el tiempo
comenzaron a darse no hablamos nunca de algo que
no fuera literatura y, como quien no quiere la cosa, del
Joyce de *Finnegan's Wake* o de *Pomes Penyeach,* el Melville de *Pierre or the Ambiguities* o el Swift de *A Tale of a
Tub:* creo que un tanto pedantescamente dábamos por

descontados nuestro conocimiento y admiración por *Ulises, Moby Dick* o los *Viajes de Gulliver.*

Hace unos cuantos meses yo había leído dos trabajos suyos publicados en la reedición de la revista *El Hijo Pródigo* (núm. 38, 15 de mayo de 1946; núm. 42, 15 de septiembre de 1946): «El mundo reconquistado de James Joyce», y el particularmente interesante y original «Las esencias en la literatura», un pequeño tratado lleno de sugerencias y hallazgos en relación no con esencias más o menos metafísicas sino pura y simplemente con los olores, con la capacidad que los novelistas y poetas y hasta el vulgo llamado lectores tienen de percibir, rechazar, evocar cosas o enamorarse de tal o cual autor a través del olfato, del olfato como sentido y del «olfato» literario, de la mente o la imaginación; ensayo en el que el mío, por cierto, cree advertir la manera elegante, fluida y aparentemente casual de Alfonso Reyes. Ejemplo:

En efecto, existe en México una multitud de lectores de Proust que se han improvisado en aprendices de la lengua francesa porque algún amigo les relató el «olor de Cambray», porque les describió la prosa del Faubourg Saint-Germain, por las esencias literarias que de ellas trascendían. La frase más dramática en la historia de Verlaine y su desesperación por Rimbaud es aquella de que «despedía olor absolutamente poético». Porque Verlaine no podía, históricamente, analizar el valor de Rimbaud; no podía, en la exactitud del término, traducirlo. Solamente lo «olía».

Hoy a mediodía me presenté en el velatorio (si se puede velar a esa hora). Di mi pésame a su mujer, Alicia. Un periodista joven me pide «unas palabras» para la prensa; pero enemigo de este género obituario le respondo que no, que me disculpe, y de pronto me sorprendo a mí mismo dándole demasiadas explicaciones que probablemente él ya no escucha. A la hora de hacer una guardia, un caballero alto y delgado detrás del cual quedo me cubre lo suficiente como para defenderme de las cámaras que supuse de periódicos y resultaron de televisión; claro, los aparatos eran mucho más grandes y yo debí haberlo supuesto, pero mi mente estaba en otra cosa. A mi lado, el cuerpo de Zendejas; solo cuando la labor de los fotógrafos termina y quienes formamos la guardia nos dispersamos veo al pasar, por la ventana abierta del ataúd, su rostro afilado, pálido, sin detenerme a mirarlo; y vuelvo a la relativa calma y a los saludos a amigos que van llegando en la madurez de la una, la una y media.

Abel Quezada
(México)

Anoche, lunes, presentación del libro de Abel Quezada *La comedia del arte,* en el Museo de Arte Moderno, al que alguno de los participantes se referirá, por equivocación, como Museo Tamayo, entre la risa de los conocedores de la diferencia que debe de haber del uno al otro. Concurrencia formada en buena parte por amigos convocados en diversas formas desde días antes y que ahora, reunidos, se saludan en la antesala a medida que van llegando, con la afinidad y la soltura un tanto socarrona de quien se ha visto dos días antes, o quizá dos semanas antes. Cuando no es este el caso y el tiempo de no verse ha sido mucho, mucho mayor, un año, o hasta cinco, por decir algo, la actitud es distinta y los acercamientos o los saludos son ligeramente más formales y en mi caso casi inexistentes, por el temor que siempre siento, poco acostumbrado a estos actos en que lo social tiene bastante que ver, de saludar fríamente a quien debía saludar con calor o, lo que en ocasiones resulta menos bien porque se vuelve ridículo, de saludar con familiaridad y hasta con un abrazo si es hombre o un beso en la mejilla si es mujer, a quien apenas había sido presentado alguna vez, o peor aún, a quien ni siquiera había sido presentado pero cuyo rostro me era familiar por la televisión, por sus fotografías en el periódico o sepa Dios por qué.

Emergiendo del público en el mejor estilo pirandeliano, Jaime García Terrés lee, como introducción a lo que por lo visto será una especie de mesa redonda, una de sus «columnas», «La feria de los días» que publicó en la *Revista de la Universidad,* cuando la dirigía, hace veinticinco años, y en la que ya elogiaba el talento de Quezada como dibujante y caricaturista, talento que hoy Abel reafirmaba en su calidad de pintor como podía verse en este libro que, un cuarto de siglo después, García Terrés publica como director del Fondo de Cultura Económica que es hoy.

Sentados frente a una gran mesa blanca, moderna y un tanto insegura, los participantes hacen uso de la palabra.

El punto es, o debería ser, el libro o la pintura de Quezada, del artista, pero dando ambos por suficientemente conocidos puesto que el público está formado por amigos y/o admiradores del pintor, cada uno de los encargados de la presentación prefiere relatar algo personal, ya sea en relación a su amistad con el artista, o con sus temas, que, como allí se dijo y se dijo bien, durante

los últimos cuarenta años han llenado la mente de todo
aquel que en una forma u otra haya observado, vivido o
intervenido activamente en la vida pública de México.
De esta manera, con agudeza y humor, cada uno cuenta alguna anécdota, recuerda a algún personaje del cine,
del deporte y hasta de la vida del crimen de Nueva York
(sobre todo de Nueva York, en donde Quezada y, como
sesenta años antes, su supuesto antecesor Miguel Covarrubias han alcanzado las páginas de las revistas más cé-
lebres y de acceso más difícil: *Vaniry Fair,* Covarrubias en
su tiempo; *The New Yorker, The New York Times Book
Review,* Abel en el suyo). Así, se borda alrededor del
mundo de Quezada en cuanto tiene que ver con los po-
nentes mismos, en medio de la simpatía y la disposición
de ánimo de los que escuchan, siempre prontos a com-
partir las frecuentes bromas de aquellos y a dar muestras de que las alusiones a la persona y las obsesiones
de Quezada les son igualmente familiares.

Desde mi lugar de primera fila (sucede algo divertido:
en el espacioso auditorio hay desde el principio dos filas
de sillas vacías reservadas; nadie sabe en realidad para
quién, pero todos suponemos que para personas importantes o invitados especiales; resultó que no era así, o que
lo era en forma muy relativa; pero por timidez cada
quien se ha ido sentando en donde buenamente puede;
con escrupuloso respeto a aquellos lugares tenidos por
sagrados; cuando el acto comienza y las dos filas siguen
desocupadas, a algunos se nos ofrece amablemente pasar a ellas, con las consiguientes manifestaciones de mo-

desta negativa, aparte de que cada uno se encontraba
ya a gusto en donde estaba, y algunos, como en mi caso,
mucho más tranquilos) veo y oigo a mis amigos, más o
menos cercanos, más o menos lejanos, tan contentos en
este acto nacido de la simpatía, que por largos minutos
yo también me siento envuelto en esta atmósfera de cor-
dialidad y copartícipe activo de lo que veo: una alegría
genuina, una admiración real por este artista con el que
la mayoría de los ahí presentes algo ha tenido que ver
en los últimos treinta años; que nos ha dibujado a unos
con mucho y a otros con poco cabello y menos parecido (cosa de la que él presume) pero siempre con una
malicia de buena fe, y que a algunos nos ha dado premios en sus resúmenes anuales (a mí el del mejor libro
del año por *Movimiento perpetuo* [*Excélsior,* 24 de diciembre de 1972] y reproduciendo mi fábula «El rayo que
cayó dos veces en el mismo sitio» como alusión nada
menos que a los sucesos del Jueves de Corpus, halcones
y esas cosas [*Excélsior,* 15 de junio de 1971], y tal vez el
mejor de todos: una «ventana» en papel de envolver de
la Editorial Joaquín Mortiz, uno entre los numerosos
Parnasos de las letras mexicanas contemporáneas), por
todo lo cual me siento bien en este cálido ambiente en
que la presentación-homenaje se desarrolla sin reticen-
cias, sin estiramientos; y en el que la presencia de Quezada hace que nadie se considere con derecho a las primeras filas, esta noche en que, en orden de importancia,
cualquier primera fila es toda suya.

Augusto Monterroso
(Guatemala)

> Los enanos tienen una especie de sexto
> sentido que les permite reconocerse a
> primera vista.
>
> EDUARDO TORRES

Sin empinarme, mido fácilmente un metro sesenta.
Desde pequeño fui pequeño. Ni mi padre ni mi madre
fueron altos. Cuando a los quince años me di cuenta
de que iba para bajito me puse a hacer cuanto ejercicio
me recomendaron, los que no me convirtieron ni en
más alto ni en más fuerte, pero me abrieron el apetito.
Esto sí fue problema, porque en ese tiempo estábamos
muy pobres. Aunque no recuerdo haber pasado nunca
hambre, lo más seguro es que durante mi adolescencia
pasé buenas temporadas de desnutrición. Algunas fotografías (que no siempre tienen que ser borrosas) lo
demuestran. Digo todo esto porque quizá si en aquel
tiempo hubiera comido no más sino mejor, mi estatura
sería más presentable. Cuando cumplí veintiún años,
ni un día menos, me di por vencido, dejé los ejercicios
y fui a votar.

De todos es sabido que los centroamericanos, salvo molestas excepciones, no han sido generalmente favorecidos por una estatura extremadamente alta. Dígase lo que se diga, no se trata de un problema racial. En América hay indios que aventajan en ese sentido a muchos europeos. La verdad es que la miseria y la consiguiente desnutrición, unidas a otros factores menos espectaculares, son la causa de que mis paisanos y yo estemos todo el tiempo invocando los nombres de Napoleón, Madero, Lenin y Chaplin cuando por cualquier razón necesitamos demostrar que se puede ser bajito sin dejar por eso de ser valiente.

Con regularidad suelo ser víctima de chanzas sobre mi exigua estatura, cosa que casi me divierte y conforta, porque me da la sensación de que sin ningún esfuerzo estoy contribuyendo, por deficiencia, a la pasajera felicidad de mis desolados amigos. Yo mismo, cuando se me ocurre, compongo chistes a mi costa que después llegan a mis oídos como productos de creación ajena. Qué le vamos a hacer. Esto se ha vuelto ya una práctica tan común, que incluso personas de menor estatura que la mía logran sentirse un poco más altas cuando dicen bromas a mi costa. Entre lo mejorcito está llamarme representante de los Países Bajos y, en fin, cosas por el estilo. ¡Cómo veo brillar los ojos de los que creen estarme diciendo eso por primera vez! Después se irán a sus casas y enfrentarán los problemas económicos, artísticos o conyugales que los agobian, sintiéndose como con más ánimo para resolverlos.

Bien. La desnutrición, que lleva a la escasez de estatura, conduce a través de esta, nadie sabe por qué, a la afición de escribir versos. Cuando en la calle o en una reunión encuentro a alguien menor de un metro sesenta, recuerdo a Torres, a Pope o a Alfonso Reyes, y presiento o casi estoy seguro de que me he topado con un poeta. Así como en los francamente enanos está el ser rencorosos, está en los de estatura mediana el ser dulces y dados a la melancolía y la contemplación, y parece que la musa se encuentra más a sus anchas, valga la paradoja, en cuerpos breves y aún contrahechos, como en los casos del mencionado Pope y de Leopardi. Lo que Bolívar tenía de poeta, de ahí le venía. Quizá sea cierto que el tamaño de la nariz de Cleopatra está influyendo todavía en la historia de la Humanidad; pero tal vez no lo sea menos que si Rubén Darío llega a medir un metro noventa la poesía en castellano estaría aún en Núñez de Arce. Con la excepción de Julio Cortázar, ¿cómo se entiende un poeta de dos metros? Vean a Byron cojo y a Quevedo patizambo; no, la poesía no da saltos.

Llego a donde quería llegar.

El otro día me encontré las bases de unos juegos florales centroamericanos que desde 1916 se celebran en la ciudad de Quezaltenango, Guatemala. Aparte de la consabida relación de requisitos y premios propios de tales certámenes, las bases de esta traen, creo que por primera vez en el mundo, y espero que por última, una condición que me movió a redactar estas líneas, inseguro todavía de la forma en que debe interpretarse.

El inciso e) del apartado «De los trabajos», dice:

e) Debe enviarse con cada trabajo, pero en sobre aparte, perfectamente cerrado, rotulado con el seudónimo y título del trabajo que ampara, un hoja con el nombre del autor, firma, dirección, breves datos biográficos y una fotografía. Asimismo se suplica a los participantes *en verso* enviar, completando los datos, *su altura en centímetros* para coordinar en mejor forma el ritual de la reina de los Juegos Florales y su corte de honor.

Su altura en centímetros.

Una vez más pienso en Pope y en Leopardi, afines únicamente en esto de oír (con rencor o con tristeza) pasar riendo a las parejas normales, en las madrugadas, después de la noche del día de fiesta, frente a sus cuartos compartidos duramente con el insomnio.